순천향사람들 이야기

순천향사람들 이야기

펴낸날 2010년 6월 25일 초판 1쇄

엮은이 순천향대학교 대외협력처
펴낸이 손풍삼
펴낸곳 순천향대학교출판부
336-745 충남 아산시 신창면 읍내리 646번지
전화 041 530 1115 **팩스** 041 530 1719
www.sch.ac.kr
출판등록 2010년 6월 14일 제251-2010-5호

ISBN 978-89-964627-0-5 03810
값 15,000원

영업관리 산해 0505 507 0445

• 잘못된 책은 교환해드립니다.

순천향사람들 이야기

대외협력처 엮음

순천향대학교출판부

발간을 축하하며

우리 안의 보물을 되찾기 위하여

순천향대학교 이사장
의학박사 서교일

우리 순천향이 종합대학교와 함께 서울, 부천, 천안, 구미의 종합병원으로 눈부시게 성장해온 지도 어느덧 한 세대를 지나 33년의 역사를 이루었습니다. 순천향사람들은 이제 한국 사회는 물론 지구촌 곳곳에서 특유의 인간적인 리더십으로 저마다 역할을 훌륭하게 수행하고 있습니다.

순천향 가족의 한 사람으로서 이렇듯 믿음직스럽게 성장한 순천향의 오늘이 정말 자랑스럽습니다. 그동안 자랑스럽고 빛나는 순천향의 역사를 만드는 일에 땀과 수고를 아끼지 않으신 순천향 가족 여러분께 충심으로 감사드리며, 지금까지와 마찬가지로 앞으로도 우리 순천향이 이 사회를 위해 봉사하고 국가 발전에 더욱 크게 기여하도록 힘써주실 것을 부탁드립니다.

우리 순천향의 설립자이신 고(故) 향설 서석조 선생도 순천향의 오늘을 보시며 하늘에서 기뻐하시리라 믿습니다. 30여 년 전 선생께서는 당대 최고의 의사로서 누릴 수 있는 개인적인 영달을 뒤로 하고 국내 최초의 의료법인 순천향병원을 설립하신 후 곧이어 대학까지 세우셨습니다. 선생께서는 한 의료인으로서뿐만 아니라 '인간사랑'을 실천하는 교육자로서 이 사회에 기여하기를 원하셨던 것입니다. 순천향병원과 순천향대학교는 선생의 이러한 삶의 철학을 바탕으로 세워졌습니다.

이 시점에서 우리가 다시 한번 되새겨보아야 할 점은 서석조 선생께서는 순천향이 능력 있는 의료인을 양성하는 데 그칠 것이 아니라 가슴이 따뜻한 의료인을 길러내야 한다고 생각하셨다는 점입니다. 또한 선생은 대학이 단순한 기능적인 지식인을 배출하는 데 그칠 것이 아니라, 희생하고 봉사할 줄 아는 인간적 지식인을 양성해야 한다고 생각하셨습니다. 순천향 사람들은 어느 곳에서 무슨 일을 하든지 선생께서 제시하신 이러한 '인간사랑'의 정신을 기억해야 할 것입니다. 또한 선생이 지향하신 '인간사랑'의 정신이야말로 우리 순천향인의 영원한 자부심이며 시대의 변화를 초월하여 힘을 발휘할 수 있는 진정한 경쟁력의 원천임을 잊지 말아야 할 것입니다.

오늘날 우리 사회가 처해 있는 여러 가지 어려운 상황은 하나의 대학이 마땅히 추구해야 할 가치들을 바로 세우고 실천하는 데 큰 고민을 안겨주고 있습니다. 우리는 성장은 물론이요 온전한 대학

정신을 회복하기 위한 노력을 지속해야 합니다. 물론 쉽지 않을 것입니다. 그러나 우리가 건학 당시의 선생처럼 열정적일 수 있다면, 그렇게 순수할 수만 있다면 극복하지 못할 어려움은 없을 것이라고 생각합니다.

그런 점에서 《순천향사람들 이야기》를 통해 선생께서 순천향의 역사를 시작한 뜻을 다시 한번 헤아려보는 것은 매우 의미 있는 일이라고 생각합니다. 이 책자를 읽어봄으로써 우리는 오늘날 순천향인으로서 무엇을 궁극적인 목표로 삼아야 하며, 그 목표를 성취하기 위해서는 지금 이 자리에서 무엇부터 먼저 실천해야 하는지를 가늠해볼 수 있을 것입니다.

그동안 동은학원의 재단을 중심으로 대학과 병원의 관계자들이 '순천향뿌리찾기' 작업을 통해 발굴하고 다듬은 자료를 바탕으로 이 작은 책자를 세상에 내놓게 되었습니다. 우리 순천향이 더 높이 비상하기 위해서는 먼저 잠시 잊고 있었던 '우리 안의 보물'부터 되찾아야 한다는 생각으로 시작한 일입니다.

지난날의 뿌리를 생각하는 것은 더 밝은 내일의 풍성한 열매를 기대하기 때문입니다. 이 책이 우리 순천향의 밝은 내일을 앞당기는 데 크게 기여하리라 믿습니다. 그리고 각자의 위치에서 내일의 희망찬 순천향을 위해 열심히 땀 흘리고 있는 우리 순천향 구성원들의 정체성 확립에도 이 책이 지대한 역할을 수행하리라 믿어 의심치 않습니다. 끝으로 이 일에 참여하신 모든 분들의 노고에 마음으로부터의 고마움을 전합니다. 감사합니다.

발간에 즈음하여

이제는 '순천향'을 말해야 합니다

순천향대학교 총장
정치학박사 손풍삼

대학의 구성원들이 세월의 변화 속에서도 설립자께서 주창한 이념적 지향을 기억하고 있다는 것은 그 자체로 축복이 아닐 수 없습니다. 바로 우리 순천향대학교가 그렇습니다. 순천향사람들은 오늘도 '인간사랑'의 건학이념이 의미하는 바를 좇아 향설 서석조 박사께서 모든 배움의 이유라고 말씀하신 그 사랑과 헌신의 마음가짐으로 살아가기 위해 노력하고 있습니다. 뜻이 있는 곳에 길이 있다고 했습니다. 우리에게는 뜻이 있으므로 무슨 어려움을 당하든 반드시 길이 열릴 것이라고 생각합니다.

순천향의 건학이념이 너무 보편적이고 추상적인 느낌이라고 생각하는 이들도 있을 것입니다. 흔히 쓰이는 개념의 조합이고, 또 구체성을 결여한 것으로 볼 수도 있기 때문입니다. 그러나 이런 생각은 서석조 박사로부터 시작한 순천향의 역사를 잘 모를 때 잠시 하는 생각일 뿐입니다. 선생의 삶을 알면 알수록, 그 삶의 철학에 다가가면 갈수록 순천향의 건학이념은 시대를 초월해 생생히 살아 있는 의미를 전해줍니다. 선생께서는 명의(名醫)라 할 만한 실력을 갖춘 의사로서, 또 실천하는 삶을 사신 교육자로서, 당대를 대표할 만한 지성이셨습니다.

저만 해도 뒤늦게 교수로 대외협력부총장으로, 또 총장으로 일하며 순천향의 구석구석을 들여다볼 때마다 선생께서 남기신 온기를 느끼곤 하는데, 때로는 부끄럽기도 했습니다. 선생께서는 그 어려운 중에 위대한 도전의 역사를 시작하셨고, 또한 무엇을 위해 그렇게 험난한 길을 선택했는지도 분명히 밝혀두셨는데 아직 우리들은 무엇 하나 칭찬받을 만하게 이루어놓은 것이 없는 듯하기 때문입니다. 그래서 혹시 우리 순천향사람들이 거대한 산맥처럼 순천향의 뒤를 받치고 있는 선생의 의미를 잊어버린 것은 아닐까 생각해보게 됩니다.

어느새 순천향도 서른 해의 역사를 훌쩍 넘어섰습니다. 많은 이들이 노력한 끝에 이룬 이 역사를 자축할 만하다고 생각합니다. 그러나 유감스럽게도 우리는 아직 흔들림 없는 반석 위에 서 있다고는 할 수 없습니다. 조금 걱정을 담아 말하자면 여전히 기로에 서 있다고 보는 편이 현실적일 것입니다. 사방에서 거센 경쟁의 파도가 몰려오고 있습니다.

이 시점에 다시 설립자를 떠올리는 이유는 지금 우리에게는 선생의 굳은 의지와 용기, 그리고 지혜가 반드시 필요하기 때문입니다. 순천향은 강철 같은 의지의 소유자였던 선생께서 마음을 굳게 먹고 시작한 역사입니다. 그 힘으로 우리 순천향이 오늘 이 자리에 서 있는 것이라고 해도 지나치지 않습니다. 그러나 잊지 말아야 할 것은 오늘의 우리에게는 순천향 재도약의 무거운 책임이 부여되어 있다는 사실입니다.

모든 인간적 가치들을 후순위로 돌려버리는 듯한 현실의 흐름을 보며 '인간사랑'의 건학이념으로 만들어진 우리 순천향에게 어떤 시대적 과제가 주어진 것은 아닐까 생각합니다. 사람들은 외눈박이처럼 실용적 가치만을 찾고 있지만, 그 실용성이라는 것이 아전인수에 불과하다는 것을 깨닫는 데는 그리 오랜 세월이 필요치 않을 것입니다.

순천향은 더욱 단단해져야 합니다. 우리들은 선생의 가르침 속에서 길을 찾되 선생보다 더 뜨거운 열정으로 일해야 할 것입니다. 경쟁도 회피해서는 안 될 것입니다. 그러나 경쟁에 임하는 순천향사람들의 관점은 달라야 합니다. 순천향은 규모나 속도 경쟁의 단순한 틀을 극복하고, 선생께서 남기신 뜻을 좇아 인간적 가치를 존중하는 대학과 병원으로 성장해야 합니다.

이제 순천향사람들이 다시 '순천향'을 말하고 주장할 때가 되었다고 생각합니다. 당당한 내용을 갖추었다면 그것을 드러내는 것이 순리에도 맞습니다. 우리 대학과 병원의 구성원들이 순천향을 말할 때, 동문과 재학생들이 이 변질된 세상 속에서 '인간사랑'의 건학이념대로 살아갈 때 순천향은 비로소 순천향다운 모습으로 거듭나 이 어지러운 현실의 빛과 소금이 될 것입니다. 바로 그것이 순천향 프라이드의 실체이자 서석조 박사의 유지를 받드는 일이라고 생각합니다. 순천향사람들 모두가 한마음으로 참여해주실 것을 당부합니다. 감사합니다.

순천향사람들 이야기

차례

순천향대학교
SOON CHUN HYANG UNIVERSITY

2부 다시, 순천향을 생각한다

순천향정신의 시원을 찾아서

1. 향설 서석조 박사와 '인간사랑'의 철학
2. 순천향병원과 의대 설립

순천향정신의 현재성

영국의 역사가 에드워드 H. 카는 "역사란 과거와 현재의 끊임없는 대화"라고 정의한 바 있다. 역사는 단순한 과거의 기록으로 그치지 않고, 그 역사를 바라보는 관점에 의해 현재에도 살아 있는 의미를 지니게 된다. 이는 현재를 살아가며 미래를 내다보아야 하는 인간이 과거를 소홀히 할 수 없는 이유이기도 하다. 향설 서석조 박사가 아니었다면 순천향의 역사는 존재하지 않았을 것이다. 또한, 순천향 성장의 모든 동력은 그의 철학과 열정으로부터 분출하기 시작한다. 그런데 우리는 박사의 의미를 자주 잊는다.

그동안 순천향은 안팎의 수많은 어려움을 극복하고 건학 당시에 비할 수 없는 질적, 양적 성장을 이루어낸 것이 사실이다. 그러나 1970년대의 아무것도 예측할 수 없는 상황 속에서 홀로 도전과 실험의 역사를 시작한 설립자의 꿈과 희망, 용기를 생각할 때 우리가 지금까지 이룬 것은 앞으로 이루어야 할 것들에 비해 여전히 작다고 하지 않을 수 없다.

또한, 지금 우리가 처한 상황은 예사롭지가 않다. 대학이 위기에 처해 있다는 점, 교육이 큰 위기에 처해 있다는 점에 대해 이견이 없다. 거대한 기득권을 쥐고 있는 대학들도 성장의 한계를 직감하고 있다. 양적 성장 일변도의 단순 경쟁으로 어려움을 타개할 수 있던 시대는 지나간 것이다. 이러한 상황 속에서 청년 대학 순천향은 어떤 길을 선택해야 할까? 고민스러운 상황이지만 어쩌면 해결책은 의외로 가까운 곳에 있을지도 모른다.

이 시점에서 대학이 지난 수십 년간 비판받아 마땅한 상업적 교

향설기념중앙도서관의 향설 서석조 박사 흉상

육에 지나치게 몰두하지 않았는지 반성할 필요가 있다. 해방과 전쟁을 거치며 피폐해진 나라 형편 때문에, 산업화 과정에 폭발적으로 늘어난 교육 수요 때문에, 무조건적인 진학 열풍 때문에 대학 본연의 역할을 다하기 어려웠다고 말할 수도 있을 것이다. 그러나 현실적 여건과 발전의 단계를 인정하더라도 그렇게 해서 도달한 오늘의 현실을 평가할 때, 양적 경쟁력조차 제대로 확보하지 못하고 있는 대학의 상황에 대해서는 변명의 여지가 없어 보인다.

더욱 심각한 문제는 대학들이 여전히 문제의 심각성을 깨닫지 못한 채 성장과 경쟁 일변도의 현실논리를 고집하고 있다는 점이다. 그러나 그 누구도 이러한 상황이 지속가능하다고 보지는 않는다. 온전한 대학정신의 복원과 지속가능한 교육모델의 개발이야말로 대학이 추구해야 할 경쟁력의 기본이요 핵심이다.

서석조 박사는 일찍이 대학교육의 실용성과 함께 교육의 본질적 측면에 주목한 교육자였다. 그는 개인적 영달이라는 작은 꿈을 버리고, 체계적 인재 양성을 통한 사회적 기여라는 큰 꿈을 선택한 실천적 지식인이었다. 그렇기 때문에 우리는 지금 교육소비자들의 외면까지 걱정하지 않을 수 없는 초라한 교육현실 속에서, 모든 중층적 어려움을 극복할 만한 지혜를 박사에게서 구하고 있는 것이다. '뿌리찾기'란 곧 순천향의 비상을 위한 새로운 모색이다.

1970년대, 향설 서석조 박사는 신경내과 전문의로서 자타가 공인하는 국내 최고의 의사였다. 그런 그가 종합병원과 의과대학 설립이라는 힘겨운 도전을 시작했다. 그는 개인적으로 이미 남부럽지 않은 성취를 이룬 상태였고, 더 큰 부와 성공을 원했다면 쉽고 편안한 길도 얼마든지 있었을 것이다. 온갖 난관을 무릅쓰고 황량한 신창벌에 건물 한 채 달랑 올려놓은 채 첫 강의를 준비하며 그는 무슨 생각을 했을까? 특히, 당시 주변의 많은 이들이 순천향대학의 설립을 찬성하지 않았다는 점을 고려해볼 때 우리는 그의 남다른 목표의식을 엿보게 된다. 그에게는 제대로 된 대학이 아니면 이룰 수 없는 특별한 꿈이 있었던 것이다. 더 좋은 대학, 대학의 본질적 목표에 충실한 대학을 만들어 훌륭한 인재를 양성하겠다는 그의 꿈은 이상적이기에 단순하고, 단순한 만큼 확고한 것이었다. 환자 중심으로 생각하며 인술을 펼친 의사로서, 인류에 봉사하는 인재를 키워낸 교육자로서, 그리고 무엇보다 인간의 존엄성을 가장 중요하게 생각한 휴머니스트로서 평생을 일관한 그의 삶 자체가 그 목표를 웅변해주는 듯하다.

> "앞으로 우리 의과대학을 통해 훌륭한 의술을 연마한 많은 의학도가 배출되어서 질병으로 고통받는 환자를 치료함은 물론 새로운 의학 연구의 산실로서 명실 공히 국가, 사회에 봉사하는 바 크리라 기대합니다."
>
> | 〈향록학보〉 1978년 9월 30일 창간호

박사는 이와 같은 이상과 목표를 달성하기 위해 순천향대학을 세웠다. 따라서 시대는 달라졌지만 우리가 필요로 하는 답은 그 연장선 위에 있지 않을까. 박사가 염원한 봉사하는 대학이 되기 위한 논의를 통해 우리는 21세기의 대학이 가야 할 길을 찾을 수 있을 것이다. 또한, 수도권 중심의 현실 속에서 충남 아산에 의과 대학을 세우기로 결심한 안목과, 한겨울에 연탄난로를 피워가며 신축 공사를 독려한 열정을 통해 우리는 이 교육 위기의 시대를 극복할 수 있는 지혜와 용기를 얻을 수 있을 것이다. 78명밖에 안 되는 신입생을 보듬으며 친히 환영회를 열어준 그 따뜻한 마음을 통해서 진정으로 학생을 위한다는 것이 무엇인지 깨달을 수 있을 것이다.

과거에 얽매이지 말고 미래를 보며 살아야 한다고들 말하지만, 과거에 대한 인식 없이 새로운 미래를 추구하는 것은 가능하지 않다. 개인이든 단체든 존재의 정체성은 그 지나온 역사에 의해 구축되기 때문이다. 순천향 역시 역사를 외면하고 새로운 순천향을 만들어갈 수는 없다. 역사를 볼 수 있게 된다면, 내일 또한 볼 수 있게 될 것이다. 오늘, 박사를 기억하는 이유는 그가 남긴 꿈과 철학의 현재성 때문이다. 우리가 하고자 하는 것은 바로 그것을 '우리들의 것'으로 만들기 위한 '순천향 뿌리찾기'이다.

'인간사랑'의 건학이념

순천향대학교의 건학이념은 '인간사랑'이다. 대학 설립의 슬로건으로 보기에는 평범하고 소박한 개념의 조합이 아닐 수 없다. 그러나 '인간' 그리고 '사랑'이라는 두 개념을 하나로 연결하고, 그것을 배움의 근본적인 이유로 높이 세울 때 이 조합은 더 이상

빼거나 더할 것이 없는 이상적 목표로 승화한다.

의술을 일컬어 흔히 '인술(仁術)'이라고 한다. 의술은 전문지식이기도 하고 과학이기도 하지만, 의술을 펼치는 데 있어 가장 중요한 것은 어진 마음일 것이다. 질병으로 고통받는 환자, 그 환자를 지켜보며 아픔을 함께하는 가족들의 기대를 한몸에 받으며 의사는 유일한 희망의 존재로서 일해야 한다. 주변의 감정에 휩쓸리지 않고 냉정을 유지하는 능력도 의사로서의 조건일 수 있지만, 기본적으로 의사가 환자의 아픔에 공감하지 못한다면 진정한 의미에서의 치유는 이루어지기 어렵다. 그러므로 현인들은 어진 마음이야말로 의사가 갖추어야 할 가장 중요한 요건이라고 했던 것이다.

환자의 육체와 정신이 받는 괴로움을 조금이라도 경감시켜주려는 의사의 마음가짐, 바로 그것이 '인간사랑'의 모태이자 병원과 의과대학으로 출발한 순천향정신의 근원이다. '인간사랑'의 건학이념은 우리 사회의 어두운 구석을 밝히는 관심과 사랑의 손길로 발전하여 오늘에 이르고 있다.

지식인의 사회적 역할

대학은 지식과 정보를 교류하며 학문을 연구하는 곳으로 일정 수준 이상의 지식과 교양을 갖춘 지식인을 배출하는 역할을 한다. 지식인의 의미와 역할에 대해서는 여러 가지 정의가 가능하겠지만 대학이 길러내는 지식인이 해당 사회가 필요로 하는 역할을 주도적으로 담당해야 한다는 것은 기본 전제일 것이다. 대학은 시대의 변화에 끌려다니는 수동적 군중이 아니라 때로는 희생을 감수하면서까지 변화를 주도할 수 있는 오피니언 리더를 길러내야 한다.

그러나 가파른 현실에 직면한 대학이 그러한 지위를 포기한 지는 이미 오래된 듯하다. 혹자는 그런 대학을 취업학원으로 전락해 버렸다고 비판하지만, 우리 사회의 사정이 이렇게 되기까지 방관한 책임에서 자유로운 사람은 없다. 문제는 대학이 이런 정도의 내용으로 이 치열한 경쟁의 세계 속에서 존립하는 것이 가능하냐는 것이다. 대학의 사회적 리더십을 포기한 몇몇 대학들은 마치 그것은 애초에 대학이 추구할 만한 목표가 아니었다는 듯 너무 쉽게 교육의 본질적 가치를 외면하고 있다.

그러나 시대가 아무리 급변할지라도 대학이 갖추어야 할 경쟁력과 스포츠 선수가 갖추어야 할 경쟁력은 본질에서부터 다르다. 우리는 대학을 단순한 비즈니스 마인드로 경영하는 것에 찬성할 수 없다. 이 시점에서 '인간사랑'의 순천향정신을 반드시 복원해야 할 보편적이고 실효성 있는 가치라고 말하는 이유는 그것이 다만 바람직하기 때문만이 아니라 가장 강력한 경쟁력을 지니고 있다고 판단하기 때문이다. 순천향의 내일을 견인할 참된 가치로서의 경쟁력은 단순히 속도나 규모가 아닌, 그것을 포괄하고 넘어서는 무엇인가에 근거해야 한다고 우리는 믿는다.

대학의 존재이유와 현실의 괴리

교육 문제를 논하지 않고 심각한 혼란을 겪고 있는 한국 사회의 중층적 모순을 설명하는 것은 불가능하다. 따라서 교육 문제에 대한 대안 없이 내일을 말하는 것은 공허하다. 그런데 모순의 축적이 단기간에 이루어진 것이 아니라면 모순의 해소에는 더 오랜 세월이 걸릴 수밖에 없다는 점이 우리들의 고민을 더욱 깊게 한다. 우리 사회는 앞으로도 오랫동안 해소하기 어려운 통증에 시달리게 될 것이다. 그러나 대학은 고난 중에도 존립해야 하고, 또한 반드시 발전해야 한다.

대학이 학생들에게 인문적 소양을 길러주고 지식인으로서의 비판적 역량을 키워주는 진리 탐구의 장이라는 이야기는 언제부턴가 88만원 세대니 청년실업 몇십만의 시대니 하는 우울한 뉴스들에 묻혀버렸다. 대학은 외형적 성장과 물질적 가치 위주로 돌아가는 사회를 억지할 만한 능력을 상실했을 뿐만 아니라 그 흐름에 편승하기까지 해온 것이 사실이다. 그러나 오늘, 우리 대학들은 교육선진국의 대학을 찾아 줄줄이 해외로 빠져나가는 유학행렬을 바라보며 다시 한번 심각한 고민을 하지 않을 수 없다. 이 시대가 요청하는 대학의 진정한 경쟁력이란 무엇인가?

사회의 변화에 따라 대학도 바뀌어야 한다는 생각에 이견은 없다. 문제는 무엇을 지키고 무엇을 변화시킴으로써 그 변화에 능동적으로 적응할 것인가에 있다. 지금까지 우리 사회의 대학들은 많은 것을 포기하며 교육소비자들의 기호를 파악하기에 전전긍긍해온 것이 사실이다. 그러나 그 결과 도달한 현실 속에서 길을 찾기 어렵게 되었다면, 누구나 인정할 만한 교육모델을 만들어내는 데 어려움을 겪고 있다면 어디서부터 무엇이 잘못된 것인지 다시 생각하는 것이 올바른 선택일 것이다.

그런데 현실은 마치 대학의 비판적 문제제기를 바라지 않는 듯 전개되고 있다. 당장 필요한 이른바 '실용성 있는' 인재를 더 많이 공급해주기만을 바라는 것 같다. 그러면서 국제화, 전문화, 특성화, 실용화만이 올바른 변화의 방향인 것처럼 그 실적만을 높이 평가한다. 그 과정에서 기득권 구조에 편승한 대학의 서열화가 굳어지고, 학벌은 개인의 삶을 구속한다.

고교 졸업자의 80퍼센트 이상이 대학에 진학하는 현실에서 대학교육이 변질되고 하향평준화된 것은 어쩌면 당연한 결과인지도 모른다. 대학에 들어가기 위해 초·중·고등학교 12년을 원치 않는 입시교육에 매진한 학생들은 대학에 들어가서도 취업을 위해 학점 관리와 스펙 쌓기에만 열중한다. 대학이 학문의 전당이란 말은 구시대의 관용어구가 되어버린 듯하다.

그러나 대학생은 기업에 공급되는 단순한 상품이 아니요, 대학은 사회라는 거대한 기업의 부품 하청업체가 아니다. 적어도 우리 순천향사람들은 그렇게 확신한다.

어느새 건학 30년의 역사를 가진 우리 순천향도 이제는 그 위상을 확고히 다진 중견 대학이다. 따라서 우리에게는 감당해야 할 책무가 있다. 만일 그것이 순천향만이 감당해낼 수 있는 사회적 책무라면 우리는 어떠한 시련이 닥쳐오더라도 당당하게 그 책임을 완수할 것이다. 우리는 서석조 박사의 초심 속에 이 시대의 대학이 목표로 삼아야 할 진정한 교육적 가치가 있음을 의심하지 않는다.

순천향의 건학이념대로 살아가라

당장의 현실적인 이익을 좇아 돌진하고 있는 이 사회의 모습이 어쩌면 거스를 수 없는 시대의 흐름인 것처럼 보일지도 모른다. 사회 구성원 모두가 예외 없이 그 흐름에 동참하고 있는 것처럼 보일 수도 있다. 그러나 거시적인 관점에서 볼 때에 그것은 착시에 불과하다. 중요한 것은 이 시대의 대학과 지식인들이 지속가능하지 않은 현실과 적당히 타협하기를 멈추어야 한다는 점이다.

물론 기로에 선 한국의 대학들이 중병을 앓고 있다는 것을 우리 스스로 인정하는 데는 용기가 필요하다. 그러나 성적지상주의, 서열주의에 집착하며 글로벌 인재를 길러낼 수는 없다. 근시안적인 경쟁력 강화에 모든 것을 쏟아부어서는 국내에서 아무리 명문대학 소리를 들어도 국제적 기준에서 보면 중하위권의 대학에 불과할 것이다. 기초 학문과 깊이 있는 전공 연구에 힘을 쏟지 않고 자격증과 고시 준비에만 매달리면서 오피니언 리더를 꿈꾸는 것은 아전인수에 불과하다.

대학은 이제 이러한 진실에 눈을 떠야 할 것이다. 지금 같은 형태의 성장에 박차를 가한다 한들 국제적 기준을 만족시킬 수 없다는 것을 인정해야 할 것이다. 다행히 요즘 들어 대학이 달라져야 한다는 목소리가 조금씩 들려오고 있다. 이들의 현실 진단은 엄중하다. 대학과 대학교육이 본질적으로 달라져야만 한다는 것이다.

물론 병원이든 대학이든 시대를 앞서 갈 수 있는 경쟁력을 갖추어야 할 것이다. 서석조 박사도 기회가 있을 때마다 그 점을 강조했다. 대학이 인간에 대한 이해를 전제로 존중과 사랑의 의미를 실천하는 지식인을 양성하는 데 근본적으로 무력하다면 눈에 보이는 인프라를 열심히 갖춘들 무슨 소용이 있겠는가.

'인간사랑'의 건학이념을 주창한 박사의 고민 속에서 이 혼란한 시대의 대학이 지금 놓치고 있으나 반드시 추구해야만 할 중요한 가치들을 재발견하게 된다. 인간에 초점을 맞춘 교육, 인간의 가치를 소중히 생각하는 교육, 이것이 순천향이 나아갈 길인 것이다. '인간사랑'의 건학이념은 예나 지금이나 순천향의 시작이요 끝이다.

지금도 순천향정신은 유효한가

하나의 대학을 태어나도록 한 이념적 지향을 그 구성원 모두가 공유하는 것은 특별한 경험이다. 순천향은 '인간사랑' 건학이념에서 다른 대학과는 구별되는 순천향만의 특별한 개성을 지닌다.

또한, 건학 이후 순천향의 위상이 꾸준히 상승해온 것은 갖가지 통계와 외부의 평가에서도 증명되고 있다. 외부기관의 평가에서

순천향대학교 건학30주년 기념식(2008)

우리 순천향대학교는 모든 면에서 상승곡선을 그리고 있고, 특히 의약바이오 분야를 특화한 교육의 성과는 해마다 충남지역 최고의 경쟁률을 기록하고 있는 수시, 정시 모집의 응시생 수에서도 확인된다. 학교가 제공하는 어학 학습이나 해외 진출 기회 등의 혜택을 활용한 학생들은 유학이나 대학원 진학에서 남다른 성과를 거두고 있고 졸업생들의 취업률도 높은 수준을 유지하고 있다.

그러나 이러한 성과보다 더욱 중요한 것은 우리 순천향 출신자들의 속 깊은 품성이 이 사회에서 빛을 발하고 있다는 사실이다. 순천향의 가치관은 자기만 내세우는 이기적 개인을 좋아하지 않는다. 공동체의 의미를 소중히 여기고 타인을 배려할 줄 아는 마음가짐이 더 중요하다고 보는 것이다. 순천향 출신은 뭔가 다르다, 인간적인 향기가 난다, 믿을 만하다는 평을 들을 때 우리는 성취감을 느낀다. 그런 이유로 우리 순천향사람들은 '인간사랑'의 건학이념이야말로 이 상실의 시대에 꼭 필요한 정신적 태도라고 생각한다. 순천향정신은 21세기에도 여전히 유효하다.

'순천향'에 담긴 뜻

순천향대학교는 이름만 보아도 설립정신과 교육철학을 짐작할 수 있다. 서석조 박사는 평생 "천리(天理)에 따르는 것이 사람이 살아가는 순리"라는 말을 좌우명으로 삼고 살았다. 처음 병원을 세우면서 이름을 고민할 때, 평소 박사의 인생철학을 잘 알고 있던 당시의 김종필 국무총리가 그 좌우명의 한문식 표현을 권유하여 '순천향(順天鄕)'이라는 이름을 병원에 붙이게 되었고, 이것이 이후 의과대학과 종합대학의 교명으로 자연스럽게 이어졌다.

하늘의 뜻에 따른다는 순천향정신, 이것은 처음에는 서석조 박사가 지녔던 의사로서의 마음가짐이었다. 박사는 평생 "질병은 하늘이 고치는 것이고 의사는 그 과정을 도울 뿐"이라는 말을 가슴에서 놓지 않았다. 이는 인간의 생명이라는 신비한 현상 앞에서 한없이 겸손해질 수밖에 없는 의사의 자세를 표현한 말이다. 박사는 신경내과 권위자로서 명성이 높았음에도 불구하고 자신의 의술에 자만하지 않았다. 항상 환자와 그 가족들의 목소리에 귀를 기울였다. 그런 자세로 진료에 임했기 때문에 말 그대로의 인술을 펼칠 수 있었고, 환자들도 그의 정성과 노력을 인정했던 것이다. 환자들이 그를 신뢰할 수 있었던 것은 그가 최고의 기술을 가진 의사였기 때문이라기보다는 누구보다 겸손한 의사였기 때문이다.

그러므로 순천향의 교육적 지향점은 다른 대학과 같지 않다. 우리는 인간적 가치, 도덕적 가치를 지난 시대의 유물처럼 여기는 사회적 편견에 동의하지 않는다. 순천향다운 가치관에서 보면 도덕적이지 못한 것은 곧 무능한 것일 수밖에 없다. 인간에 대한 배려란 일정 기간 일관성 있는 교육을 받은 이들만이 실천할 수 있는 특별한 능력의 하나이다. '순천향'이란 이름에는 진리와 질서, 조화와 완전한 덕을 상징하는 하늘의 뜻을 이해하고 이에 순응할 수 있도록 안내하는 학문의 전당이라는 의미가 담겨 있다.

향설 서석조 박사와 '인간사랑'의 철학

향설의 철학

삶

성품

말씀

임상노트

후학들

향설의 철학

"병은 하늘이 고치고 의사는 그 과정을 도울 뿐이다"

어른들이 어린이에게 꼭 묻곤 하는 질문이 있다. 장래희망이 뭐냐는 것인데, 가만 들어보면 자신이 많이 아팠거나 주변에 아픈 사람이 있는 경우 대개 그 대답은 '의사선생님'이다. 왜 아니겠는가. 건강할 때는 몰랐던 낯선 고통을 경험한 사람, 병마와 씨름하는 가족을 둔 사람이라면 안다. 고통을 덜어주는 일이야말로 사랑의 실천이라는 것을. 질병으로 인한 고통의 강도와 상관없이 누구나 육체를 지니고 살아가면서 뼈저리게 깨닫는 바다.

순천향의 모태는 바로 그 고통의 자리, 깨달음의 자리가 아니었을까. 이는 서석조 박사가 늘 스스로 되새겼을 뿐만 아니라 후배와 제자들에게 되뇌곤 했다는 "환자에 대한 친절은 바로 환자에 대한 사랑이요 의사의 사명"이라는 말씀이 큰 울림으로 다가오는 까닭이다.

자기 자신 당뇨병으로 고통받는 와중에도 본인의 아픔은 전혀 내색하지 않고, 한시라도 빨리 질병에서 놓여나기만을 기다리는 환자들을 보살피면서 그는 겸손하고 또 겸손했다. 그는 의사가 환자를 위해 할 수 있는 일이란 지극히 미미할 뿐이라고 생각했다.

"의사는 병이 낫는 길을 안내하는 사람일 뿐 병을 고칠 위치에 있지 않다."

"병은 의사가 고치는 것이 아니라 하늘이 고치는 것이다. 의사는 단지 이러한 하늘의 뜻을 돕는 자일 뿐이다."

"인명은 하늘에 있고 치료는 의사한테 그 의무가 있다."

이런 그의 곁에서 함께했던 후배와 제자들은 그가 실천했던 '인간사랑'의 정신과 겸손을 한목소리로 증언한다. 의사 서석조에게 대충대충이란 통하지 않았다.

"진찰은 눈으로 보고(시진[視診]), 만져보고(촉진[觸診]), 두들겨보고(타진[打診]) 하는 것이 원칙"이라며 하루 40~50명 진찰은 다반사일 정도로, 그의 명성을 의지하고 몰려드는 환자들을 보면서도 박사는 그 모든 환자들의 상태나 병명을 일일이 기억했다 한다. 게다가 "환자를 떠난 의사는 있을 수 없다"며 환자에 관해서는 그 어떤 말도 흘려듣지 않았다.

1989년부터 2년간 순천향병원 신경과 레지던트로 있으면서 서 박사의 회진을 수행한 박형국 교수(순천향대학교 천안병원 신경과)는 환자에 대한 그의 애정이 얼마나 남다르고 각별했는가를 증언한다.

"당시만 해도 박사님을 찾는 환자는 신경과, 내과뿐만 아니라 여러 과에 분포되어 있었습니다. 박사님의 명성을 익히 알고 찾아오신 환자들과 오래전부터 주치의로 따르던 환자 등이 여러 과에 분산되어 입원하던 터라 회진 때면 병원 곳곳을 돌아다녀야 했습니다. 박사님은 아무리 시간이 걸리더라도 환자의 호소를 차근차근 들어주고 필요한 진찰과 검사를 일일이 챙기셨습니다. 그런데 회진을 돌다 보면 담당의가 아닌데도 불구하고 자기 증상을 호소하며 무리하게 진찰을 청해오는 환자들이 꼭 있어요. 회진시간이 늦어질 것을 염려하여 내가 중간에서 다음에 진찰해주실 거라고 설득할라치면 박사님께서는 '의사는 아픈 환자를 그냥 두고 지나치면 안 된다'시며 자신의 환자가 아님에도 기꺼이 시간을 내어 환자를 보살피셨습니다. 사실 박사님은 당뇨 때문에 인슐린 치료를 받고 계셨는데 그날따라 회진의 동선도 길고 유난히 다른 주치의의 회진 요청도 많았습니다. 하지만 늘 그러시듯 당신 병보다는 환자의 병이 우선이라며 끝까지 회진을 강행하셨습니다. 그러다가 급기야는 너무 많은 체력 소모로 저혈당 쇼크 현상이 발생하여 응급처치를 받는 사태에 이르고 말았습니다."

의사가 되는 과정에 빠뜨릴 수 없는 것이 히포크라테스 선서이다. 히포크라테스는 '의학의 아버지' 또는 '의성(醫聖)'이라고 불리는 그리스의 의사로서 의료의 윤리적 지침을 담아 히포크라테스 선서를 남겼다. "의업에 종사할 허락을 받으매 나의 생애를 인류봉사에 바칠 것을 엄숙히 서약하노라"로 시작하는 이 선서문은 의사의 윤리덕목이란 한마디로 생명을 존중하고 인간을 사랑하는 것임을 밝히고 있다. 이에 비추어볼 때 서석조 박사는 당대의 히포크라테스였다 해도 과언이 아니다. 인간에 대한 사랑, 그가 이 간절한 마음으로 품어 낳은 것이 바로 '순천향'이다.

"교육의 의무는 인류에 봉사하는 것이다"

한국의 교육은 지금 '과잉'과 '부재'의 질곡으로부터 벗어나지 못하고 있다. 교육은 산업화의 과정을 거치며 사회 발전의 핵심적 에너지원으로 기능한 것이 사실이지만 오늘날은 팽창 속도를 견디다 못해 부작용을 우려할 만한 '과잉'의 지경에 도달해 있는 것이다. 전 국민이 일정 수준의 교육을 받을 수 있게 된 것은 분명 축복이다. 그러나 고교 졸업자의 8할이 대학에 진학하는 현실 앞에서 우리는 교육의 본질적 가치와 기능에 대해 회의하게 된다.

이러한 상태는 결국 내용적인 교육 부재의 현실로 악화될 수밖에 없다. 경쟁논리, 일등주의가 만연한 가운데 교육의 질은 포기된 지 오래다. 고등교육을 받은 인재들에게서 도덕과 윤리를 기대하기 어려운 상황이 되었다. 모두들 이구동성으로 사회를 구성하고 있는 '윗물'의 탁도는 앞이 보이지 않는 상태가 되어버렸다고 한탄한다. 교육이 출세와 처세에 동원되는 수단적 '스펙'으로 전락한 상태에서 과연 성장과 발전을 논하는 것이 가능할까? 지금 교육은 본래의 의미를 상실했다는 비판을 피하기 어렵게 되었다.

분명한 것은 시작은 그렇지 않았다는 것이다. 서석조 박사를 비롯하여 이 땅에 현대교육의 씨앗을 뿌린 선각자들의 초심은 달랐다. 더 어려운 상황 속에서도 본질적인 교육의 의미를 지향했고, 교육받은 자들은 마땅히 인간적 품성과 사회적 책임의식을 갖추어야 한다고 생각했다. 박사가 이곳 신창벌에 수많은 난관을 헤치고 순천향대학을 세운 것도 반석과 같은 대학에서 인간에 대한 존중과 사랑의 정신을 제대로 이해하고 실천적으로 살아갈 수 있는 진정한 지식인들을 배출하겠다는 지극히 기본적이고 당연한 교육적 욕심이 있었기 때문이다. 박사는 순천향의 울타리에서 배운 이들이 능력 있는 의사임과 동시에 좋은 의사로, 뛰어난 지식인일 뿐만 아니라 더불어 살기를 선택하는 지성인으로 성장하기를 바란 것이다.

순천향대학교 개교 10주년 즈음에 누군가 그에게 창학이념을 묻자 말 고를 사이도 두지 않고 그는 다음과 같은 이야기를 들려주었다.

"창학이념이라는 게 별 게 있나, 어려운 가운데서도 대학을 운영해서 나라에 이바지하고 인류에 봉사하고 싶었네. 대학 교육은 노벨상 수상 등을 목적으로 하는 게 아니라고 생각해. 인류에 이바지하고자 하는 교육의 참뜻을 구현하는 데 있지. 특정 지도자를 추구하기보다는 양식 있는 학자를 배출함으로써 사회 발전에 기여하는 사람을 육성하는 것이 대학의 의무라고 생각하네."

배운 자로되 양식을 갖춘 배운 자가 필요하다고 믿은 박사의 뜻은 선명하다. 박사의 뜻에 비추어보면 대학도 성장과 발전의 논리에서 예외가 될 수는 없다는 섣부른 현실논리는 칭찬을 듣기가 어려울 듯하다. 오늘 우리는 박사의 교육철학을 통해 무엇으로부터 순천향의 '순천향다움'을 복원할 것인지 생각해볼 필요가 있다. 어쩌면 이러한 반성의 끝자락에서 순천향이 이 혼란한 시대에 궁극적으로 갖추어야 할 교육적 경쟁력의 실체를 찾게 될지도 모른다.

서석조 박사는 또한 가르치는 자의 능력과 태도를 무엇보다 중요하게 생각했다. "모름지기 제자는 스승을 존경해야 한다. 그러나 먼저는 스승이다. 선생이 학문적으로 권위가 있어야 하는데, 그러려면 무엇보다도 학생들이 잘 이해할 수 있도록 쉽게 강의해야 한다. 가르치는 교수 자신도 잘 모를 강의를 하는 일이 간혹 벌어지곤 하는데 이는 진짜 실력을 갖추지 못했다는 반증이 아니겠는가. 학생들이 이해하지 못하는 강의 내용이라면 교수 자신도 이해하지 못한다고 봐야 한다. 그러므로 올바른 교육자상은 첫째, 실력을 바탕으로 자기 학문에 대한 권위를 갖는 것이요, 둘째, 학생들이 충분히 이해할 수 있는 강의를 하는 것이며, 셋째, 끊임없이 연구하는 자세를 견지하는 것이다."

어느새 기억에서 희미해져버린 '스승'의 모습을 우리는 박사의 말 속에서 발견한다. 예나 지금이나 존경의 대상은 가르치는 자를 넘어선 '스승'일 수밖에 없다. 박사는 스승이 어떠한 조건을 갖출 때 비로소 그 가르침이 빛을 발할 수 있는지 강조하고 있다.

박사는 의과대학으로 출발한 순천향이 종합대학을 목표로 하는 시점에서도 자연과학 계통을 더 발전시키고 싶어했다. 그것이 당시 우리 사회의 필요에 부응하는 길이라 여겼기 때문이다. 또한,

농과대학도 염두에 두었는데, 이는 지역사회 발전에 기여하려는 그의 의지이기도 했다. 그러나 농대 진학을 희망하는 지원자가 별로 없으리라는 당시의 현실 인식이 그의 발목을 잡았다.

한편, 그는 공부하는 사람에게 스포츠 활동이 중요함을 역설하면서 순천향 교정에 하루빨리 실내체육관을 만들고 싶어했다. '건강한 신체에 건전한 정신이 깃든다'는 격언을 언급하며 그는 국가대표나 프로가 아니어도 스포츠를 취미생활로 몸을 다지고 인내력을 키우며 협동심을 기르는 게 중요하다고 강조했다.

이렇게 서석조 박사는 당대 최고의 의사였으며 항상 교육의 순수한 가치를 강조하며 전인교육을 추구한 교육철학자였다.

"사람이 가장 중요하다"

21세기가 어떠한 시대인지 한마디로 규정하기는 쉽지 않다. 그러나 한 가지는 분명하다. 유감스럽게도 이 시대는 사람 중심의 가치관, 즉 휴머니즘을 존중하는 시대가 아니라는 것이다. 가치의 척도에 물질을 놓는 세태 속에서 현대인들은 예외 없이 극단적인 소외를 경험하고 있다. '물질'을 '물질' 이상으로 격상시킨 이면에는 역시 사람이 존재한다. '소외'를 '소외'로 인식하지 못하는 것 역시 사람이다. 휴머니즘은 경박한 실용주의 앞에서 더는 온당한 지위를 유지하지 못하고 있는 듯하다.

그렇지만 인간 존중의 가치관을 회복하고자 하는 노력을 단순히 시대에 뒤떨어진 유행 정도로 치부할 수는 없다. 인간이라는 요소를 제외하고 가치 복원을 논하는 것은 무의미하다. 사람들은 여전히 인간적 온기를 필요로 한다. 비인간적 판단력의 효용성을 선호하는 듯하지만 한편으로는 그것을 뛰어넘는 인간적 접근에 감동하는 사례를 우리는 주변에서 쉽게 볼 수 있다. 시대를 막론하고 우리가 지향해야 할 가치는 사람 중심의 가치일 수밖에 없다. 정작 중요한 것이 무엇인지 찾지 못하는 집단적 혼란 속에서 우리는 공감을 불러일으킬 수 있는 전형을 찾는 것이다. 서석조 박사를 다시 생각하는 이유도 여기에 있다.

"서석조 박사님은 겸손하셨습니다. 우리 속담에 잘 익은 벼는 고개를 숙인다는 말이 있습니다. 박사님은 아랫사람에게도 함부로 대하지 않으셨고 자신을 낮추셨습니다. 특히 환자들을 대할 때 더욱 자신을 낮추며 편안하게 대하셨습니다. 박사님의 겸손은 결코 가식적이지 않았고 중후한 성품에서 나오는 본성이었습니다."

향설기념사업회 이사장직을 맡고 있는 차병원 이상종 박사의 회고담이다. 그가 전하는 서 박사의 모습 속에서 우리는 당대 최고의 의사이기 이전에 따뜻한 인간미를 지니고 있었던 인간 서석조를 발견한다. 그는 평생 일관성을 잃지 않았다. 그러했기 때문에 세브란스병원, 성모병원, 백병원, 동은병원, 고려병원, 그리고 순천향병원 등에서 박사와 교류한 후배, 제자들의 회고에서 박사는 언제나 휴머니스트로 묘사되는 것이다. 그들은 박사가 가는 곳에 항상 환자들이 북적인 데에는 출중한 실력과 인간적 품성이 함께 작용했다고 기억한다. 이러한 사례에서 우리는 순천향이 갖추어야 할 경쟁력과 순천향 사람들이 지향해야 할 전형적인 지식인 상을 찾게 된다.

많은 이들이 21세기의 현실은 힘의 논리, 정글의 룰에 따라 전개되고 있다고 말한다. 더 많은 이들은 이제 그러한 경향은 어쩔 수 없는 일이라고 체념한다. 가정에서 교실에서 도덕적 삶의 중요성을 강조하는 목소리를 듣기는 어렵다. 법은 만인을 위해 존재하며 공평하게 적용되고 있다고 믿는 이들 역시 만나기가 어렵다. 윤리적 덕목이야말로 가장 소중한 자산이라는 주장에 공감할 청소년은 많지 않은 듯하다.

그러나 사람 중심의 가치관이란 필요한 모든 '스펙'을 갖춘 이후 여력이 있을 경우에나 선택할 수 있는 부수적인 덕목이 아니다. 최고의 기능을 갖춘 의사가 되었다고 해서 모두 훌륭한 품성을 지니게 되는 것은 아니다. 서석조 박사가 병원 설립에서 멈추지 않고 기어코 대학까지 문을 연 것은 인간적 품성이란 어느 날 갑자기 형성되는 것이 아니라는 점을 인식하고 있었기 때문이다. 그는 우리 순천향이 사람의 향기를 지니고 있는 참된 의사, 타인을 먼저 배려할 수 있는 진정한 지식인을 배출해줄 것을 바란 것이다.

"가장 중요한 것은 사람입니다. 아무리 좋은 의료기기, 아무리 훌륭한 병원시설을 갖추었더라도 환자를 진심으로 돌보아주려는 의사의 마음가짐이 없다면 그 의료기기는 한낱 쓸모없는 기계에 불과할 것이고, 환자를 정성으로 보살펴주려는 간호사의 봉사정신이 없다면 그 의료시설은 쓸데없는 공간만 차지하게 될 것입니다."

| 〈순천향 서울병원보〉 1985년 1월호

박사는 기회가 있을 때마다 자신의 뜻을 해석의 여지가 없을 정도로 분명하게 남겨두었다. 해마다 순천향을 선택해 들어오는 학생들, 그들은 어떤 인생을 설계하며 순천향 동산을 찾아온 것일까? 우리가 그들에게 꼭 전하고 싶은 순천향의 보물은 무엇인가? 오늘, 고향[鄕]의 눈[雪]처럼 포근했던 휴머니스트 향설 서석조 박사를 다시 생각한다.

향설의 삶

의사를 꿈꾸던 청년 서석조

경북 의성군 봉양면 화전리, 흔히 도리원이라고도 하는 고장이 향설 서석조 박사의 고향이다. 박사는 1921년 4월 2일 일곱 남매 중 셋째로 태어났으나 첫째와 둘째가 각각 두 살, 열일곱 살 나이에 죽고 말았으므로 그 후 셋째인 박사가 부모의 기대를 한몸에 받으며 장남 역할까지 해야 했다.

가족은 서 박사가 세 살 때 도리원에서 의성읍으로 이사를 했다. 서 박사는 어린 시절 손재주가 좋아서 종잇조각이나 나무토막 같은 걸로 장난감을 곧잘 만들어내고, 노래도 잘 부르는 아이였다. 그래서인지 성격은 얌전한 편이었지만 또래 아이들 사이에서 인기가 높았다.

몇 년 후 가족은 다시 대구로 이사했는데, 그곳에서 둘째 형이

대구고등보통학교 3학년 때의 서석조 박사

얼굴에 생긴 종기가 커져서 입원한 지 2주 만에 사망하는 불행을 당했다. 어려서 사망한 장남에 이어 차남까지 차례로 잃어버린 아버지의 상심은 형언할 수 없는 것이었다. 그러나 그는 슬픔을 딛고 남은 자식들의 교육에 전념하였다. 구한말의 개명 지식인으로서 기독교와 신문화를 일찍부터 수용하였던 아버지는 자녀들의 교육에도 대단한 열의를 쏟았다.

서 박사는 경북중학교를 거쳐 대구고등보통학교에 진학했다. 학창 시절의 그는 기억력이 비상했으며, 문학과 미술에 남다른 소질을 보였다. 그렇다고 앞뒤 꽉 막힌 공부벌레 모범생이기만 했던 것도 아니었다. 운동에도 재능이 있어 유도가 2단에 검도가 초단이었고, 야구와 축구, 육상에서는 학교 대표선수로 뛰었다. 특히 장대높이뛰기 종목에서는 경상북도 대표로 선발되기도 했다. 후일 순천향병원 초창기 시절, 병원 체육대회라도 열릴라치면 서 박사는 배구와 축구 경기에 직접 참가하여 젊은 직원들과 어울리면서 만능 스포츠맨으로서의 면모를 확인시켜주었다.

대구로 나와 살면서부터 서 박사의 아버지는 자전거포를 운영하였다. 당시 자전거는 재산목록의 첫째 줄에 올라갈 정도로 귀한 물건이었다. 사업차 일본에 자주 왕래하던 아버지는 자녀들이 공부를 계속하려면 일본에 가는 게 좋겠다고 판단했다. 그리하여 아버지를 제외한 온 가족이 일본으로 건너갔고, 서 박사도 대구에서 고등학교를 우등으로 졸업한 후 일본 유학을 떠났다. 손위 형제들의 죽음, 특히 둘째 형이 병상에서 신음하며 죽어가는 모습을 가까이서 목격했기 때문일까, 그는 어린 시절부터 의사가 되기를 꿈꾸었다. 일본에서 1년간의 재수를 거쳐 교토부립의과대학에 진학한 것은 그 때문이다. 누나인 서순자 씨 역시 일본에서 의학전문대학을 졸업했다.

의대 재학 시절에는 학생회 간부로 활동했고, 고교 시절에도 그랬듯이 운동선수로 활약했다. '조선인'이라고 얕잡아보는 일본인

코넬대학교 의대에 재직할 때 신경내과 교수들과 함께한 서석조 박사

들이 당연히 있었지만, 그의 성적과 실력은 누구도 무시할 수 없는 것이어서 쉬이 나서서 괴롭히는 이는 없었다. 그래도 눈에 띄게 귀찮게 구는 일본 학생에게는 적극적으로 대처했다고 한다.

재학 중 일본의 패망 기운이 짙어지고 사회 분위기가 흉흉해졌다. 전황이 악화되고만 있으니 한국인 유학생으로서는 아무래도 입지가 불안할 수밖에 없었다. 하지만 서 박사는 학업을 끝까지 마치기 위해 다른 형제들이 모두 귀국하는 와중에도 혼자 남는 쪽을 선택했다.

해방 이듬해인 1946년 9월, 안팎으로 어려운 상황에서도 의과대학을 졸업하고 비로소 귀국한 서 박사는 서울대학교 의과대학에서 내과 조교로 근무했다. 그러나 서구의 발전된 선진 의학을 공부하고 싶다는 열망에 한국에만 머무를 수가 없었다. 결국 그는 2년 반 정도 계속했던 서울의대의 조교 생활을 정리한 뒤 아내와 어린 딸을 한국에 둔 채 단신으로 미국 유학을 감행한다.

미국에 도착한 그는 숱한 어려움들을 하나하나 극복해가며 뉴저지주의 세인트바나바스 병원에서 인턴 과정을 밟았고, 레지던드 과정은 뉴욕주 록포트의 나이아가라 사나토리움 병원 흉부내과와 뉴저지시티 메디컬센터 내과, 그리고 뉴욕 벨뷰 병원(코넬대학교) 신경내과에서 마쳤다. 1954년부터는 코넬대학교 의과대학 신경내과 강사로 활동했다. 오늘날과는 비교도 할 수 없을 만큼 인종차별이 심했던 50년대 미국에서 동양인이 의과대학 교단에 선다는 것은 말처럼 쉬운 일이 아니었다. 오직 열정과 노력만으로 그는 미국 의료계의 인정을 받은 것이다.

전쟁 폐허 앞에서의 다짐

서석조 박사가 일본과 미국에서 고군분투하며 의사로서 수련을 쌓는 동안, 한국은 제2차 세계대전과 8 · 15해방, 한국전쟁 등을 거치며 격동에 시달리고 있었다. 머나먼 이국땅에서 그런 소식들을 전해 듣는 서 박사의 심경은 무겁기만 했다. 특히 인턴 과정 중이었던 1950년 6월, 급기야 전쟁이 터졌다는 소식을 들었을 때는 당장 조국으로 돌아갈 생각도 했다. 그러나 섣불리 행동에 나서기 전에 그는 자신이 할 수 있는 일이 무엇인지, 무엇을 하고자 미국에 왔는지, 그리고 나라와 민족을 위해 가장 올바른 선택이 무엇일지 신중하게 고민했다. 피폐해진 나라에 가장 필요한 것은 선진 의학을 체계적으로 공부한 의사의 존재일 것이라고 굳게 믿으며, 결국 남아서 미국 의학에서 배울 수 있는 모든 것을 배우는 것이 나라를 위해 자신이 할 수 있는 최선이라는 어려운 결정을 내렸다.

서 박사가 그때 공부를 중단하고 돌아왔다면 불모지나 다름없었던 신경내과 분야의 발전은 불가능했을 것이다. 교토부립의과대학 재학 시절, 일본 패망과 한국 독립의 혼란 속에서도 학업을 중단하지 않았던 서 박사의 의지는 여기서도 다시 한번 조국으로 돌아가고 싶은 감정을 억누르고 연구를 끝까지 계속하게 했다.

1954년 말, 마침내 귀국한 서 박사의 눈에 들어온 것은 전쟁은 끝났으나 곳곳이 폐허가 되어 있는 조국의 참상이었다. 사회의 기반시설은 완전히 무너지고 무엇 하나 제대로 돌아가는 것이 없었다. 의학 분야 역시 예외가 아니었다. 그는 세브란스병원에서 근무를 시작했지만, 체계적인 의학 교육은 고사하고 진료조차 제대로 할 수 있는 환경이 아니었다. 세브란스병원 역시 전쟁의 피해를 입어 건물이 무너졌고(당시 세브란스병원이 있던 자리가 서울역 인근이라 공격 대상지에 포함되었기 때문이다), 무엇보다도 학생들을 가르칠 교수들이 절대적으로 부족했다. 실제로 박사가 부임해 왔을 때 세브란스에는 내과 정교수가 한 명도 없었다.

전쟁 중 군의관으로 복무하며 미군 군의관들의 의술을 목격한 젊은 의사들 사이에서는 휴전 이후 미국 유학열이 끓어올랐다. 그 사람들이 유학을 마치고 복귀하려면 몇 년이 걸릴지 요원하지만, 선진 의학을 공부한 의사는 지금 당장 필요한, 참으로 곤란한 상황이었다. 그런데 전쟁 전에 미국으로 건너갔던 박사가 너무도 적절한 시기에 돌아왔으니, 피폐해 있던 대학에도 의료계에도 반가운 일이 아닐 수 없었다.

신경내과 전문의로서의 명성

일제강점기 우리나라 서양의학은 독일 의학의 전통을 계승한 일본 서양의학의 영향을 강하게 받았다. 서 박사는 이를 대치할 최신 실증의학인 미국 의학을 의학계에 도입한 선구자였다. 일본과 독일의 의학은 전쟁을 거치며 발달하였기 때문에 환자에 대한 인간적인 배려보다는 산업현장이나 전장에 내보낼 인력을 효율적으로 치료하는 데 중점을 두는 경향이 있었다. 즉, 서 박사가 국내 의학계에 도입한 것은 미국 의학의 최신 이론만이 아니라 인간 중심, 환자 중심이라는 의학의 새로운 패러다임이기도 했다.

서 박사는 여타 의료 분야에 비해 불모지나 다름없었던 신경내과를 개척하고 체계화하여 하나의 독립된 진료과목으로 자리 잡도록 하는 데 크게 기여했다. 미래학 분야의 세계적 석학인 앨빈 토플러가 꼽은, 앞으로 연구할 만한 가치가 있는 세 분야(나노테크놀로지, 바이오테크놀로지, 그리고 신경학) 중 한 가지가 바로 신경학이다. 유학 초기에는 흉부내과를 전공했으나 결국은 신경내과로 진로를 결정한 서 박사의 선택이야말로 참으로 놀라운 선견지명이라 하겠다.

신경내과가 따로 없었던 초기에는 일반의 이해도 부족했다. 신경내과는 뇌신경이나 말초신경에 생긴 질환, 뇌졸중 등을 다루는 의료분야인데, 보통 사람들은 노이로제 환자나 정신병자를 치료하는 과목인 신경정신과로 오해하기도 했다. 또한 신경외과와 신경내과의 차이에 대해서도 잘 알려져 있지 않았다. 뇌출혈이나 뇌종양 같은 질환에 대해 수술적 처치를 하는 과목이 신경외과라면, 신경내과는 뇌신경계에 생긴 다양한 질환을 약물적으로 치료한다. 술자리 같은 격의 없는 곳에서 서 박사는 가끔 신경외과와 신경내과의 차이를 두고 농담을 하곤 했다. "신경외과 의사들! 무식하게 어떻게 사람 머리에 구멍을 뚫는고?" 함께한 신경내과 의사들은 그의 농에 포복절도하곤 했다.

서 박사의 활약 덕분에 차차 의학계에서도 독립적인 신경과학회의 창립과 전문의 제도의 신설 필요성이 강력하게 대두되었다. 학술집담회 형식으로 모이던 내과계 신경과 의사들이 중심이 되어 1971년 2월 25일 대한신경내과학회가 창립되었고, 서 박사가 초대 회장으로 취임했다. 김영, 이수익, 박충서, 김기환, 김명환 등이 임원으로 활동했다. 이 대한신경내과학회가 오늘날의 대한신경과학회의 전신이며, 이 학회가 창설된 것은 역시 서 박사의 공로이다.

하지만 서 박사의 명성은 학문적인 것에서 그치지 않았다. 환자를 직접 상대하는 임상의로서도 그는 철저하고 성실했다. 특히 약물 처방에서는 달인이라고 할 정도였다. 언뜻 보기에는 위중해 보이지 않는 환자, 첨단 의료기기로도 확진을 해내지 못하는 신경계통의 질병을 서 박사는 매우 정확하게 진단해냈다. 환자를 보는 눈이 누구보다 예리했기 때문이다. 현재 삼성서울병원 뇌졸중센터장인 이광호 교수는 당시 서 박사를 가리켜 “현존하는 가장 뛰어난 신경과 의사”라고 극찬을 아끼지 않았다.

세브란스 의대의 명강사

의과대학생들에게도 신경내과는 새로운 분야였다. 서석조 박사는 귀국과 동시에 세브란스 의과대학의 내과 조교수로 부임하여 1960년까지 교육을 담당했다. 신경내과 분야에서는 국내 유일의 권위자였으므로 다른 병원에 자문을 해주기도 했다.

요즘과 같은 상세한 교재도 없고 신경의 분포와 흐름을 입체적으로 보여주는 모듈도 없는, 오직 구두로만 강의해야 했던 시절, 서 박사의 열정적인 강의는 학생들에게 큰 인기를 끌었다. 서 박사는 사투리가 심했지만 그의 강의를 이해하지 못하는 학생은 한 명도 없었다. 서 박사의 강의에는 남다른 특징이 있었다. 다른 교수들과는 달리 노트 하나 없이 강의한다는 것이었다. 학생들에게 전달할 의학지식은 모두 그의 머릿속에 완벽하게 들어 있었다. 학생들에게도 그런 식으로 공부하라고 강조했다. 그는 강의 중 학생들에게 필기를 하지 못하도록 했다.

"너거들은 필기 해갖고 나중에 그 노트 보면서 환자를 볼래? 필요없데이. 내가 강의하는 걸 듣고 암기했다가 그대로 하거라."

따로 필기를 하지 않아도 서 박사의 강의는 귀에 쏙쏙 들어왔다고, 당시 세브란스 의대에서 그에게 수업을 받은 제자들은 기억한

세브란스 의대에서 강의 중인 서석조 박사

다. 서 박사는 이론에 해박했을 뿐만 아니라 강의 중에도 실례를 들어가며 머리만이 아니라 손으로, 몸으로 기억할 수 있도록 확실하게 가르쳤다. 환자 대신 학생 한 명을 앞에 불러다 눕혀놓고는 신경반사 테스트를 직접 해보이는 식이었다. 서 박사의 특기는 분필을 양손에 쥐고 단숨에 척추 단면을 실물 그대로 그려내는 것이었다. 칠판에 쓰는 글씨는 알아보기 힘들 정도인데, 의학교육에 필요한 도면은 감탄이 나올 정도로 정확하게 그려냈다. 미국 유학 당시 밤을 새워가며 해부실험을 한 덕분에 이런 특기가 생겼다고 한다. 서 박사가 그려 보여준 해부학적 구조를 신경 기능과 연결해서 공부하면, 나중에도 뇌 해부도만 보면 뇌의 어느 부위에 이상이 생겼을 때 어떤 증상이 생긴다는 것을 금방 떠올릴 수 있었다.

명강의로 이름을 날린 덕분인지 서 박사는 1년 만에 내과 주임교수로 승진했다. 후에 가톨릭의대로 옮겨가게 되었을 때 이 소식을 들은 연세대 학생들이 반발을 한 건 어쩌면 당연한 일이었다. 학생들은 서 박사가 세브란스에 남아주기를 요구하며 다른 강의를 보이콧할 정도였다.

박사 학위 취득과 뇌졸중 치료에서 올린 성과

1960년 가톨릭의과대학으로 자리를 옮긴 서석조 박사는 가톨릭의대 내과학 교실의 기초를 마련하는 데 기여했다. 개인적으로

가톨릭 의대 학위 수여식
(왼쪽에서 두 번째가
서석조 박사)

는 이곳에서 박사 학위를 받았다. 미국에서 인턴과 레지던트 과정을 다 마치고 수석 레지던트로서의 경험까지 쌓았지만, 전문의 과정과 박사 과정은 마치지 않고 돌아왔던 것이다. 애초부터 학생들을 지도하는 데 전문의 자격이나 박사 학위는 중요하지 않다는 게 그의 생각이었다. 간판보다는 능력이 중요하다는 실용적인 사고방식은 이후 제자들을 가르쳐 이끌어주는 데에, 또 독자적으로 병원을 경영하며 사람들을 채용하는 데에도 중요한 기준으로 작용한다.

그러나 결국에는 학생들을 지도하려면 학위도 필요하다는 노교수들의 강권과 부탁에 못 이겨 박사 학위를 취득했다. 1960년 '쥐에 미치는 쌀밥의 효과'를 주제로 박사논문을 쓰고 가톨릭대학교 의과대학 대학원 의학박사 1호를 기록하였다. 한국인의 주식인 쌀밥이 성장과 내분비 계통에 미치는 영향을 연구한 이 논문은 지금도 여러 학자들에게 많이 인용되고 있다.

박사 학위를 일찍 받았느냐 늦게 받았느냐는 중요하지 않았다. 그런 것에 상관없이 서 박사는 누구나 인정하는 우리나라 신경내과학의 일인자였다. 신경과 담당의사들이 대부분 신경정신의학회가 아니라 내과학회에 흡수되는 것을 안타까워한 서 박사는 일찍부터 신경과학회의 설립을 주장했다. 1961년에 내과학회에서 〈뇌졸중 환자 100례에 대한 임상적 관찰〉을 발표했는데, 여기서 뇌졸중이란 용어는 박사가 처음으로 만든 것이다. 박사가 뇌졸중이라는 용어를 사용하기 전에 서양의학계에서는 '뇌혈관손상증'이라는 의미의 영어 약자 CVA를 사용했고, 일반에서는 중풍이라는 한의학 용어를 썼다. 서양의학과 동양의학은 질병의 메커니즘에 대한 기본 개념이 달랐으므로 같은 질병을 다른 이름으로 부르는 거야 이상할 것도 없었지만, 영어 약자를 병명으로 사용하는 것에는 문제가 있다고 느낀 서 박사는 용어부터 정리하자고 역설하며 스스로 뇌졸중(腦卒中)이라는 용어를 생각해낸 것이다. 그리하여 1963년에 대한의사협회에서 선정하는 숙제보고로 〈뇌졸중〉을 발표했다. 뇌질환에 중요한 진단방법이었던 X-선 뇌혈관 촬영이 뇌졸중 진단에 필수라고 강조한 이 숙제보고는 신경외과학회보다 앞선 연구성과였다.

박사는 의식이 없는 뇌졸중 환자에게 수면제를 적절하게 사용함으로써 위급한 생명을 구하고 마비 상태를 풀어주는 치료법으로 명성을 날렸다. 이러한 방법은 수년 후 공인치료법이 되고 논문과 학문으로 정립되었으며 'Barbiturate Coma Therapy'라는 용어로 정착되었다.

환자를 몰고 다니는 의사

서석조 박사가 의술만으로 뛰어난 의사가 된 것은 아니었다. 환자들이 박사를 믿고 의지한 것은 그가 환자의 이야기를 귀 기울여 들어주고 육체적 고통뿐만 아니라 마음의 상처까지 어루만져주는 의사였기 때문이다. 서 박사는 환자가 하는 이야기라면 그 무엇도 허투루 듣지 않았다. 이런저런 증세에 대한 요령부득의 설명이든, 엄살이 반 이상 섞인 통증의 하소연이든, 때로는 병과는 전혀 상관없는 환자 개인의 신상 이야기까지 지치지 않고 들어주었다. 환자는 서 박사 앞에서 허물없이 이야기하는 가운데 마음이 편해졌고, 환자의 마음이 안정되면 치료 효과도 배가되었다. 서석조 박사라면 믿을 수 있다는 소문은 점점 퍼져나가기 시작했다.

가끔은 부작용(?)도 있었다. 세브란스병원은 해방 이후 특진제도를 도입하여 조교수 이상이 특진을 하고 있었는데, 환자들에게서 인기가 높은 서 박사는 세브란스에서 특진료 수당을 많이 받는 교수 중 한 사람이었다. 그런데 그는 환자의 사정이 딱하면 특진비를 한 푼도 받지 않았다. 때로는 이를 이용하는 사람들도 나타났다. 입원 보증비가 없다며 서 박사에게 아쉬운 소리를 하는 것이다. 박사는 알면서도 그냥 속아주곤 했다.

서 박사가 가는 곳마다 환자가 몰렸다. 환자들이 서 박사를 따라다녔다고 해도 좋을 정도였다. 세브란스병원에서도, 그 이후에 옮긴 가톨릭의과대학의 성모병원에서도 마찬가지였다. 1964년 서 박사가 개원한 동은병원은 병상이 10여 개밖에 안 되는 작은 병원이었지만 매일같이 몰려오는 환자들로 몸살을 앓을 정도였다. 1968년 동은병원을 곽초서 박사에게 물려주고 새로 개원한 고려병원에 합류했을 때도 환자들은 서 박사를 따라갔다. 백병원으로 옮기면서도 마찬가지였다. 처음에는 외과로 출발했던 백병원이 1972년에 150개 병상, 16개 진료과목의 종합병원으로 확대 개원하면서 서 박사는 내과로 '어탠딩'을 했다. 어탠딩이란 종합병원의 의사가 개인적으로 환자를 관리하고 약국도 따로 두면서 수입을 병원과 분배하는 제도이다. 서 박사는 백병원에 있으면서 이 제도로 하루 600만 원 이상의 수입을 올리는 스타 의사였다.

마지막 황태자 영친왕과의 인연

이렇게 서석조 박사의 명성은 점점 높아졌다. 대통령, 부통령, 영부인, 국무총리 등 내로라하는 저명인사들의 주치의가 된 적도 여러 번이다. 서 박사 자신은 특히 영친왕을 전담 치료했던 일을 즐겨 이야기하곤 했다.

1963년, 대한제국의 마지막 황태자 영친왕은 뇌혈전증의 세 번째 발작으로 실어증과 왼손을 제외한 전신마비 상태였다. 당시 일본에서는 용태가 위중한 데다가 한국에는 이렇다 할 뇌질환 전문의도 없지 않느냐며 모셔갈 수 없다고 반대했으나 서석조 박사의 의학적 판단이 주효하여 한국으로 모셔올 수 있었다. 서 박사는 신장내과의 김학중 박사와 함께 직접 일본으로 건너가 도쿄의 산

1963年11月23日 (土曜日)

京鄕新聞

殿下는 무사히 돌아왔다

뜨거운 눈물 故國에 온기를 못감춰…

귀국 첫날

高原이룬 英親王 李垠씨

病勢는 오히려好轉

方子女史등 尹妃찾아人事

祖國을보여달라. 漢江橋건너는 李垠씨!

男便의 容態 알리는 記者會見

李垠씨가 入院한 성모병원 613號室

영친왕의 귀국을 보도한 신문기사 (경향신문 1963년 11월 23일자)

노(山王)병원에 입원해 있던 영친왕과 이방자 여사를 모시고 입국, 김포공항에서부터 앰뷸런스로 이동하여 성모병원 특실에 도착했다. 병실에서 간단한 진찰을 마친 서 박사가 "이제 한국에 왔습니다"라고 말하는 순간, 영친왕은 창 밖 너머 꿈에도 그리던 고국 산천을 바라보며 눈물을 흘렸다고 한다. 근현대사의 격동기에 누구보다 비극적인 삶을 살아야 했던 영친왕이 고국에 돌아와 생을 마감할 수 있었던 데에는 서 박사의 공이 컸던 것이다. 그는 주치의로서 언어중추가 마비된 영친왕과 표정으로 모든 대화를 주고받으며 6년간 계속된 영친왕의 마지막 병상을 보살폈다.

김종필 전 국무총리와도 각별한 인연을 맺었다. 김종필 총리는 나중에 서 박사가 순천향병원을 세울 때 박사의 평소 좌우명을 한

문으로 옮긴 '순천향(順天鄕)'이라는 이름을 지어주고 직접 현판까지 써주었다. 두 사람의 인연은 김종필 씨가 총리가 되기 전부터 시작되었다. 월남 파병군인들의 개선행사에 참석했다가 한파에 장시간 노출된 끝에 고열과 마비로 쓰러진 김 총리를 서 박사가 완치시킨 이후, 박사에 대한 총리의 신임은 더욱 두터워졌다. 총리의 유럽 순방에도 서 박사가 동행했는데, 그때 교포들이 국무총리보다 서 박사를 더 잘 알아보며 반겼다고 한다.

대학 설립을 향한 염원

1968년, 삼성 이병철 회장의 후견으로 고려병원이 설립된다. 고려병원은 현재 강북삼성병원의 전신으로 100병상, 12개 진료과로 개원했다. 이때 서석조 박사는 자신이 경영하던 동은병원을 정리하고 고려병원 개원 과정에 참여했으며, 내과 부장으로 부임하여 1972년 백병원으로 옮길 때까지 부원장으로 재직했다. 서 박사가 고려병원에 합류한 이유는 일찍부터 이병철 회장과 교분을 쌓았기 때문이기도 했지만, 앞으로 삼성이 성균관대학교를 인수해서 의과대학을 신설할 예정이라는 점도 크게 작용했다. 그러나 서 박사가 고려병원으로 옮기고 몇 년이 지나도록 의과대학 신설은 실현되지 않았다.

게다가 고려병원은 재단이 삼성그룹이라 재정이 탄탄했음에도 불구하고 서 박사가 의학을 연구하기에는 환경이 그다지 좋지 못했다. 서 박사가 신청하는 연구설비 제안서는 반려되기 일쑤였다. 원가를 계산하면 수지가 안 맞는다는 것이 그 이유였다. 병원 경영을 휴머니즘의 관점에서 생각하는 서 박사의 사고방식과 자본의 논리가 충돌했던 것이다.

의료의 질을 향상하려면 실력 있는 의사만으로는 불충분했다. 학생들을 교육해야 하고 연구시설도 필요했다. 그런 일들을 겪으며 서 박사는 병원만 가지고는 일류로 발전하는 길을 개척할 수 없다는 생각을 더 확고히 하게 된다. 첨단설비를 갖춘 현대식 종합병원 건설과, 그것을 운용할 수 있는 의료인력을 양성하는 의과대학 설립, 이 두 가지 꿈을 함께 이룰 때, 환자 한 사람 한 사람에게 치료의 손길을 뻗는 것에서 더 나아가 의학계의 발전을 이끌고 민족과 사회에 봉사할 수 있다는 생각을 하게 된 것이다.

향설의 성품

대충이 통하지 않는 완벽주의자

서석조 박사는 당대 최고의 신경내과의라는 명성을 누리고 있었으나 그것은 쉽게 얻어진 것이 아니었다. 동료나 후배, 제자로서 수십 년 동안 의료현장에서 서 박사를 지켜봤던 의사들은 그가 의사로서 철저하고 완벽했음을 증언한다.

1960년대에 서 박사와 함께 성모병원에서 내과 레지던트로 근무했던 김영 박사(김영내과 원장)는 그를 '대충이 통하지 않는' 의사였다고 회고한다. 하루에 40~50명씩이나 되는 환자들을 돌보는 격무에 시달리면서도 그들의 상태나 병명을 일일이 기억하는 서 박사의 모습은 후배 의사들에게 귀감이 되었다.

박사는 회진을 돌 때 가끔씩 스태프들 중 몇 사람을 지목하여 차트를 보지 않고 환자의 상태에 대해 설명해보게 했다. 박사에게 배우고 있는 수련의들이야 언제 질문이 떨어질지 모르므로 밤새 차트를 뒤적이며 외우고 있었지만, 가르치는 입장인 스태프들은 그렇지 못할 때가 많았다. 뜬금없이 날아오는 질문에 대답을 못하고 얼굴이 붉어지는 스태프가 한둘이 아니었다. 그러니 스태프들 역시 박사의 돌발질문에 대처하기 위해 끊임없이 공부하지 않으면 안 되었다는 것이다.

박사의 후학들은 항상 긴장을 풀지 않고 연구하는 태도가 몸에 배고, 뿐만 아니라 환자에 대해서도 세심한 관심을 기울일 수밖에 없게 되었다.

현재 순천향중앙의료원의 명예의료원장인 김부성 박사에게도 차트에 얽힌 추억이 있다. 회진할 때 서 박사가 환자에 대한 질문을 할 경우 바로바로 대답을 해야지 차트를 보며 어물거리면 즉시 다음 질문으로 넘어가버렸다고 한다. 의사라면 자기가 맡은 환자에 대해서는 완벽하게 기억하고 있어야 한다는 게 박사의 가르침이었다. 그러한 가르침 덕분에, 김부성 박사는 지금도 환자의 검사수치를 거의 오차범위 안에서 외울 수 있다고 자신 있게 말한다.

대학의 학장과 재단의 이사장, 그리고 그 외에 많은 직함을 가지고 있었음에도 서석조 박사는 1990년까지 40여 년 동안 환자 진료를 쉰 적이 없다. 외래 및 입원 환자는 물론이고 왕진까지 마다하지 않으며 항상 환자들과 함께했다. 이는 환자를 존중하고 아끼는 마음에서 우러나온 것이기는 하지만, 환자들이 서 박사를 신뢰하고 원했기 때문에 가능한 일이었다. 김부성 박사는 자신이 의료원장이란 보직을 맡으면서도 환자 진료를 쉬지 않은 것 역시 서 박사를 닮아가고자 하는 생각 때문이었다고 말한다.

'대충이 통하지 않는다'는 서 박사의 완벽주의는 의료현장에서만 발휘되는 것이 아니었다. 고려병원에서 처음 서 박사를 만나 순천향병원이 신설됐을 때 사무국장으로 합류했던 정동광 전 순천향대학교병원 사무처장은 박사를 가리켜 '메모광'이라고 말한다. 누구를 만나든 메모장에 날짜와 요일, 어떤 이야기를 나누었는지를 반드시 기록했다는 것이다. 메모만 해두고 끝내는 게 아니라 몇 개월 후에라도 당사자를 불러 일의 진척상황을 확인했다. 본인만 메모를 열심히 했던 것도 아니었다. 직원들은 공식적이든 비공식적이든, 서 박사의 호출을 받아 집무실에 갈 때면 꼭 메모지와 필기구를 들고 가야 했다. 빈손으로 갔다간 "네가 천재냐?" 하는 핀잔을 듣기 일쑤였다.

개방적 사고와 유연성을 갖춘 학자

서석조 박사는 변화하는 최신 의료기술과 의학이론에도 관심이 많았고 새로운 것에 유연하게 적응했다. 학회에서 최신 논문이 발표될 때마다 항상 큰 관심을 보이며 날카로운 질문을 던지곤 했다. 논문에서 제안하는 기술을 다른 질병의 치료에까지 적용할 수 있는지 물으며 연구자에게 새로운 가능성을 열어주기도 했다.

순천향대학교병원 원장을 지낸 허경발 박사는 선진 의술을 도입하기 위한 공부와 연구를 게을리하지 않았던 박사의 탐구열과 근면함에 감탄을 금치 못하였다. 1954년 7월 한 미군 군의관의 주선으로 뉴욕 벨뷰 병원에서 수련의 과정을 밟게 된 허 박사는 그곳에 이미 근무하고 있던 서 박사로부터 많은 조언을 받을 수 있었다. 그것을 인연으로 이후 세브란스병원과 고려병원에서 함께 일했고, 나중에 순천향병원이 개원할 때 참여하게 된 것이다.

그의 회고에 의하면, 서 박사는 1972년 〈*Annals of Surgery*〉에 발표된 논문 중 담석증에 사용되는 방사선 조영제 희석법을 높이 평가하고 다른 내장기 촬영에도 이용할 수 있느냐며 구체적인 관심을 보였다. 한국 최초로 악성흑색종 치료에 BCG를 사용했을 때 누구보다 먼저 그 이론적 근거를 따진 사람도 서 박사였다. 발표자가 BCG 치료법은 일종의 면역요법이며 앞으로는 암종 치료에도 면역치료를 적용하게 될 것이라고 설명하자, 박사는 신중하게 연구 보완하며 접근해볼 것을 주문했다. 몇 년 뒤 순천향병원을 개원하면서 외과에서 담석증과 암종을 중점 분야로 다루며 암의 면역치료를 본격적으로 시작할 수 있게 된 것도 새로운 치료법과 선진 의술에 대한 서 박사의 끊임없는 탐구정신이 뿌리가 되었다.

약속은 꼭 지키는 원칙주의자

의학에 대한 완벽주의와 유연하고 개방적인 사고방식은 모두 '환자로부터 신뢰를 받을 수 있어야 한다'는 전제에서 나오는 것이었다. 1968년, 서석조 박사는 고려병원으로 부임하기 위해 그간 운영하던 동은병원을 세브란스 의대 시절의 제자이기도 한 곽초서 박사에게 물려주기로 했다. 느닷없이 병원을 맡게 된 곽초서 박사가 불안하고 막막하여 조언을 청하자, 서 박사가 한마디 남긴다. "의자 스프링을 누르고 있으라."

환자가 오든 안 오든, 의사는 자리를 지키고 있어야 한다는 의미였다. 곽초서 박사는 나중에서야 그 말이 얼마나 중요한 의미인지 깨달았다고 한다. 의사도 사람이다. 한자리에 앉아만 있는 건 불가능하다. 하지만 잠깐 자리를 비웠을 때 공교롭게 찾아온 환자는 서운해한다. 서 박사의 말은 환자에게 신뢰받는 의사가 되어야 한다는 뜻이었던 것이다.

신뢰받는 의사가 되기 위해서는 아무리 사소한 약속이라도 반드시 지켜야 한다. 서 박사에게 그것은 환자들과 직접 한 약속이든 취중에 한 약속이든 상관없이 준수해야 하는 항목이었다. 이와 관련해서 순천향대학교 천안병원 신경과 박형국 교수가 한 가지 이야기를 들려준다. 박형국 교수는 1989년부터 2년 동안 순천향병원 신경과 레지던트로 근무했는데, 그 무렵의 망년회에서 일어난 일이다.

망년회는 신경과 의국 행사 중 가장 규모가 큰 행사로 신경과 선후배들이 모두 모이는 흔치 않은 자리였다. 서 박사 역시 아무리 바빠도 이 행사만큼은 꼭 참석했다. 박사는 평소에는 과묵했지만 술자리에서는 누구보다 호탕해지며 분위기를 띄우는 타입이어서, 후배와 제자들도 이런 자리에서만큼은 박사를 어려워하지 않고 화기애애하게 어울렸다.

어느 해 망년회 자리에서였다. 의사들의 망년회인지라 아무래도 화제는 의학적인 것이 되기 마련이었다. 주고받는 술잔 사이사이로 환자 진료에 대해 구구한 의견과 조언도 오갔다. 그러다가 "박사님의 신경학적 · 의학적 진찰이 예리하고 섬세하기로 정평이 나 있으니, 교육 차원에서라도 가능하면 많은 의국원들이 직접 지켜보고 경험할 수 있었으면 좋겠다"는 의견이 나왔다. 서 박사는 좋은 생각이라고 즉시 찬성하며 당장 내일부터 모두 모여서 함께 회진을 돌자고, 자신이 직접 환자들을 진찰하며 시연해보이겠다고 약속했다. 그러나 왁자지껄한 술자리에서 즉흥적으로 나온 얘기다. 모두들 그러자고 기세 좋게 약속했지만, 서 박사가 정말로 내일부터 당장 회진을 시작할 것이라고 생각한 사람은 아무도 없었다. 게다가 그 '내일'은 휴일인 일요일이기도 했다.

박형국 교수는 그날 저녁 당직이었다. 망년회 자리에서 과음한 터라 당직실에서 눈을 붙이고 있는데 아침 일찍 간호사가 전화를 걸어왔다. 서 박사가 회진을 하러 나온 것이다. 아차 싶어 부랴부랴 옷을 챙겨입으며 간호사에게 물었다. "다른 선생님들은 안 나왔어요?"

"아무도 없는데요."

술자리에서 한 약속을 홀로 철저하게 지킨 서 박사 앞에서 뒤늦게 쫓아나온 젊은 레지던트는 몸둘 바를 몰랐다. 그날 회진은 서 박사와 박형국 교수, 간호사, 이렇게 세 명이 돌았다. 그래도 서 박사는 "의사가 약속을 지켜야 믿음을 받을 수 있는 거야"라고 말하며 약속대로 끝까지 회진을 마쳤다. 술자리에서 한 약속이어선지, 약속했던 수련의들은 아무도 나오지 않았지만 박사는 개의치 않았다.

제자를 아끼는 참된 스승

순천향병원 신경과에서 전공의 과정을 밟았던 신현길 박사(신현길신경과의원 원장)에게도 서석조 박사는 소탈하고 유쾌한 스승이었다. 순천향병원에서 최초로 선발한 신경과 레지던트인 그가 전체 레지던트 중에서는 유일하게 지방 대학 출신이었으므로 주위에서는 이상하게 여겼다. 혹시 서 박사와 친척이 아니냐는 소문도 돌았다. 그러나 신현길 박사는 서 박사와는 아무런 연고가 없는 사람이다. 서 박사의 레지던트 선발 과정에는 학연이나 지연, 혈연 등은 일체 개입할 여지가 없었다.

신현길 박사는 스승의 날에 서 박사에게 선물을 드렸다가 된통 야단을 맞은 적이 있다. 1986년 스승의 날이었다고 한다. 회진을 돌던 중 기회를 봐서 준비해온 넥타이를 드렸더니 이런 대답이 돌아왔다는 것이다. "무슨 돈으로 이런 걸 사왔냐!" 대답이라기보다는 아예 호통이었다.

당시 박사의 집무실에는 스승의 날 선물로 들어온 물건들이 쌓이고 쌓여서 복도까지 넘쳐나 문을 열 수가 없을 정도였다. 그런 호화로운 선물들에 비하면 너무 약소했던 걸까. 신 박사는 풀이 죽었다. 그러나 다음날 회진 때 나타난 서 박사는 그가 선물한 넥타이를 매고 있었다. 서 박사는 씩 웃었다. "괜찮나?"

언젠가 신경과 레지던트들이 서 박사에게 모처럼 식사 대접을 하기 위해 돈을 추렴했다. 장소는 박사가 즐겨 찾는 팔레스 호텔 중식당으로 했다. 신경과 의국 사람들이 모두 자리를 잡고 앉자 서 박사가 메뉴판을 뒤적이며 주문을 했는데, 웬걸, 항상 먹던 메뉴가 아닌 새로운 것들을 주문하는 것이었다. 힐끔 가격을 보니 준비한 돈으로는 감당이 안 되는 값비싼 요리였다. 그렇다고 "그건 너무 비싸서 안 되니 다른 걸로 주문하십시오"라고 말할 수도 없는 노릇이었다. 레지던트들은 일단 먹고 보자는 배포로 눈 딱 감고 그냥 밀고 나갔다. 그리고 식사를 마친 다음, 우물쭈물하다가 솔직하게 돈이 모자란다고 말했다.

"돈도 없는 놈들이 뭘 산다꼬?" 박사는 웃으며 모자라는 돈을 내주었다.

순천향대학교 부천병원의 신원한 박사에게도 서석조 박사는 잊을 수 없는 특별한 스승이다. 1991년 순천향대학교와 미국 필라

순천향대학교와 미국 토머스제퍼슨대학교의 자매결연식(1991)

델피아의 토머스제퍼슨대학교가 자매결연을 맺고, 의대 교수 두 명이 토머스제퍼슨대학으로부터 장학금을 받으며 그곳으로 1년간 연수를 떠나게 되었다. 그 연수를 받을 사람으로 신원한 교수와 정형외과 신병준 교수가 선발된 것이다. 그러자 신원한 교수에게 이사장의 호출이 떨어졌는데, 그가 호출을 받고 이사장실에 가 본 것은 그때가 처음이었다.

서 박사는 신 교수를 앞에 앉혀놓고 직접 토머스제퍼슨대학교에 보낼 자기소개 편지를 써주기 시작했다. 펜 끝에서 줄줄 흘러나오는 영작문 실력도 실력이려니와 신출내기 교수에게 베푸는 박사의 배려에 신 교수는 몸 둘 바를 모를 지경이었다. 마치 자식에게 하듯이 자상한 모습이었다. 그런 모습이 기억에 남았기 때문일까, 1년 후 귀국한 신 교수는 사전 연락도 없이 불쑥 이사장실을 찾아갈 수 있었다. 필라델피아에서 사온 '자유의 종' 모형을 귀국 선물로 들고서, 마치 외국에서 돌아오자마자 예의 차릴 것도 없이 내내 그리워하던 아버지를 찾아뵙는 아들처럼 말이다. 서 박사는 종을 꺼내어 흔들어 보이며 어린아이처럼 좋아했다고 한다.

배려하고 포용하는 경영자

병원과 대학이라는 거대한 조직을 관리하고 운영하는 사람은 때로 냉정해져야 할 필요가 있다. 인사 문제에 있어서는 특히 그렇다. 그러나 서석조 박사는 직원 한 사람 한 사람까지 배려하고 실수를 저질러도 가능한 끌어안으려고 노력했다. 조직사회의 논리보다는 인간을 먼저 생각하는 것이 그의 경영원칙이었다.

심지어 간호사 한 사람이 사표를 내도 쉽게 수리하지 않는 성품이었다고, 순천향병원의 관리과장으로 근무했던 한도지 씨는 전한다. 한도지 씨가 다른 결재서류와 함께 어느 간호사가 낸 사직서를 챙겨들고 집무실로 들어가자, 서 박사는 불쑥 간호사의 사직 이유를 물었다. 이유까지 세세히 알아볼 생각을 하지 못한 한도지 씨는 당황했다.

"미처 그것까지는 자세히 물어보지 못했습니다만."

"어디 좋은 자리라도 정해놓고 사표를 낸 건지 모르겠네." 박사는 걱정과 아쉬움이 가득한 표정으로 말했다. 말단 간호사도 그에게는 소중한 가족이었던 것이다.

더 심각한 일이 벌어져도 인간에 대한 배려를 우선으로 생각하는 서 박사의 기본 마인드는 바뀌지 않았다. 어느 해인가, 병원에서 수위로 근무하던 사람이 술을 먹고 크게 소동을 부렸다. 평소 주사가 심하고 난폭한 사람이었는데, 그날은 중환자실에까지 쳐들어가 한바탕 난리를 피운 것이다. 병원 직원이 만취하여 원내에서 행패를 부린 것도 문제인데, 게다가 장소가 하필이면 중환자실이었다. 중환자실은 환자의 안정을 위해 보호자조차 함부로 드나들지 못하는 곳인데 술 취한 사람이 날뛰기까지 했으니, 이만저만 큰일이 아니었다. 당직 의사가 달려가 팔다리를 묶고 안정제를 놓고서야 겨우 사태를 진정시킬 수 있었다.

이것은 누가 봐도 즉시 해고감이었다. 다음날 이사장실에 보고가 올라갔고 병원 사람들 모두가 강력하게 처벌을 원했다. 하지만 서 박사의 생각은 달랐다.

"사람이 살다 보면 실수도 하는 거지, 그걸 가지고 해고까지 하는 건 너무 심하지 않나. 그 사람도 처자식이 있는 사람인데 어떻게 나가라고 할 수 있겠는가."

그래도 사람들은 도저히 용납할 수 없는 일이라며 파면을 종용했다. 서 박사는 한 번 더 생각해보라고 했다. 하지만 직원들이 세 번에 걸쳐 파면을 요구하자 결국 서 박사는 양보안을 내놓았다.

"정 그렇다면, 파면은 너무 심하니 면직을 시키지. 퇴직금하고 남은 봉급은 잘 챙겨주고."

권위를 벗어던진 소탈한 자연인

이렇듯 다른 사람의 어려움을 배려하는 게 습관처럼 되어 있던 서석조 박사가 누군가에게 부탁을 하고자 할 때는 어땠을까? 언젠가 순천향대 학생처장을 맡고 있던 박을수 교수에게 서 박사의 전화가 걸려왔다. 부탁할 게 하나 있다고, 주저주저하면서 어렵게 이야기를 꺼내는 것이었다. 친구 아들이 이번에 의대에 입학하게 되었는데, 기숙사 방을 하나 부탁한다는 게 용건이었다. 대학의 설립자께서, 입학을 청탁한 것도 아니고 기숙사 방 하나를 부탁하면서 그렇게 미안해하다니, 전화받는 박 교수가 오히려 민망해질 정도였다.

현재 동은학원 감사이기도 한 김인수 박사는 "서 박사는 겸손의 미덕을 몸소 실천하는 분이었다. 남녀노소를 불문하고 박사는 누구에게나 존댓말을 썼다. 환자들에게도 말을 낮추는 법이 없었다. 병원의 하급직원에게도 깍듯한 태도를 보였고, 길거리에서 만난 어린아이에게도 함부로 말을 하지 않았다"고 증언한다.

현재 순천향대학교 화학과에 재직하고 있는 맹주양 교수는 1978년에 조교로 처음 순천향 가족이 되었을 때 당시 학장이었던 서 박사의 검소한 모습에 크게 감명을 받았다고 한다. 자신이 세운 대학이건만, 서 박사는 학교 운영을 구성원들의 자율에 위임하고 자신은 학교에 모습을 공공연히 드러내는 것도 삼갔다. 가끔 학교를 둘러보고 싶어도 가능하면 아무도 없는 공휴일이나 토요일 오후에 살짝 와서 돌아보고 가곤 했다. 맹주양 교수는 그렇게 남들 눈에 띄지 않게 학교를 둘러보는 학장을 우연히 목격하고 깊은 인상을 받았다. 업무차 서울에 올라가 순천향병원에 간 적도 있었는데, 그곳에서 이사장실을 보고서는 더욱 놀라지 않을 수 없었다. 이사장실이라고 할 것도 없을 지경이었다. 엘리베이터가 가 닿는 층보다 한 층 위라서 계단으로 올라가야 하는, 쉽게 말해 옥탑방이나 다름없는 곳이 서 박사의 집무실이었던 것이다.

탈권위적이고 소탈한 모습은 서 박사의 천성이었다. 평소에도 서 박사는 지위 고하를 떠나 주위 사람들과 스스럼없이 어울렸지만, 술이라도 몇 순배 돌아가면 호쾌해지기까지 했다. 서 박사에 대한 이야기에서 술이 빠질 수 없다. 그는 주선(酒仙)이라는 별명이 있을 정도로 술을 즐겼다. 순천향병원 신경외과 과장 김인수 박사와 병원장 김학현 박사, 이렇게 셋이서 맥주 마시며 화장실 안 가고 버티기 내기를 해서 당당하게 승리를 거머쥐었다는 재미있는 일화도 있다. 서 박사를 알던 사람들 사이에서 박사와 술에 얽힌 에피소드가 나오기 시작하면 한도 끝도 없을 지경이다.

곡초서 박사는 세브란스 의대생 시절 서 박사의 강의를 들었고, 가톨릭의대에서 함께 근무했으며, 서 박사가 고려병원으로 옮길 때 동은병원을 맡겼을 정도로 가까운 사이였다. 그가 특별히 기억하는 서석조 박사의 만취 에피소드는 다음과 같다.

서 박사는 평소 숙제보고 자료를 미국에 있을 때부터 쓰던 빨간 가방에 넣어 가지고 다녔다. 어느 날 퇴근 후 술 약속이 잡히자 중요한 자료를 잃어버릴지도 모른다고 생각하여, 성모병원에서 아르바이트하는 의대생에게 가방을 맡기고 술자리로 향했다. 밤늦도록 술을 마시고 기분 좋게 대취하여 청파동 집으로 돌아간 것까지는 평소와 다를 바 없는 일상이었다. 그런데 이튿날 아침에 집을 나서려는데 분명 어제 저녁 아르바이트 학생에게 맡긴 빨간 가방이 마당에 떡 하니 놓여 있는 것이 아닌가. 술 마시기 전에 맡긴 가방이 왜 여기에 있을까? 이상한 일이었다. 고개를 갸웃거리며 병원에 출근한 서 박사는 그 학생을 불러 물어보았다. 학생이 대답했다. "어젯밤 늦게 오셔서 가방을 달라시기에 드렸는데요."

박사는 취중에도 자료를 반드시 챙겨야 한다는 생각에 병원으로 돌아가 맡긴 가방을 다시 받아왔던 것이다. 그나마 오던 길에 잃어버리지 않고 대문을 넘어서 자택 마당에 떨어뜨린 것이 다행이었다.

얼마나 술을 즐겼던지 박사는 건강이 극도로 악화되었을 때조차도 술을 찾았다. 수십 년 당뇨로 고생했고 인슐린을 자가 주사하며 버티면서도 술을 끊지 못했다. 1999년 겨울, 입원해 있던 중 몸 상태가 나빠지더니 급기야 호흡곤란이 일어나 중환자실로 옮겨졌다. 당시 기관 내 삽관을 맡았던 황경호 박사(순천향대학교 부천병원)는 그 긴박했던 순간을 회고한다.

중환자실에서 몇 번이고 위급한 고비를 넘긴 끝에 간신히 상태가 안정되어 튜브를 제거하니, 서 박사는 깨어나자마자 주위를 둘러보다가 손짓을 했다. 그가 손짓하여 가까이 부른 사람은 수십 년 동안 지척에서 그를 모셔온 운전기사였다. 중환자실에서 깨어나자마자 처음 부른 사람이 운전기사라니, 그 몸을 해가지고 어딜 가시려는 걸까 하며 병실에 모인 사람들 모두 의아해했다. 기사가 가까이 다가가자 서 박사는 뭐라고 귓속말을 했다. 목소리가 너무 작아서 아무도 무슨 말을 했는지 듣지 못했지만, 기사는 귓속말을 듣자마자 쏜살같이 병실을 뛰어나갔다. 몇 분 후 돌아온 기사가 누런 종이봉지에서 꺼내놓은 것은 맥주였다. 사경을 헤매다가 깨어난 환자가 제일 처음 찾은 것이 술이었던 것이다.

맥주 한 모금을 마시고 조금 기운이 난 듯한 서 박사가 그 다음으로 찾은 것은 자신의 진료기록부였다. 그랬던 박사는 결국 며칠 버티지 못하고 12월 19일 영면에 들었지만, 마지막 순간까지 호탕하고 태연자약한 모습으로 주변 사람들을 편하게 해주었다.

향설의 말씀

서석조 박사는 언제나 행동으로 모든 것을 이야기하는 사람이었다. 말보다는 실천이 앞섰고, 그의 철학과 가치관은 삶 속에서 자연스럽게 배어나왔다. 그의 침묵은 웅변보다 강했다. 그러나 그가 작고한 지 10년이 넘었고 가까이서 교류하고 함께 일했던 사람들의 기억도 희미해져가는 지금, 우리는 그의 면모를 그가 남긴 몇 마디 이야기에서 확인할 수밖에 없다.

인술과 치료, 자선사업을 혼돈하는 것은 몰상식입니다.

| 1962년 9월 13일 경향신문

나는 많은 사람들로부터 어째서 의과대학을 도심으로부터 멀리 떨어진 충남 아산군 신창면 읍내리에 세웠느냐는 질문을 받고 있습니다. 이 질문에 대한 답이 바로 본인의 순천향의대 설립 취지가 되겠기에 이에 대해 간단히 언급하고자 합니다.
우리나라의 의료혜택은 서구 선진국에 비해 매우 부족한 형편에 있습니다. 더욱이 의사의 도시 집중 현상으로 인해서 농촌의 의료혜택은 아주 보잘것없는 형편이어서 아직도 무의촌 현상이 해소되지 않은 실정에 있습니다. ……본 순천향의과대학의 설립은 본인이 평소에 품고 있던 우수한 의학도의 배출 및 농촌 의료 문제 해소를 통해 국가와 민족을 위해 미력한 힘이나마 보태고자 하는 뜻의 구현이라 하겠습니다. 앞

으로 본 의과대학을 통해 훌륭한 의술을 연마한 많은 의학도가 배출되어서 질병으로 고통받는 환자를 치료함은 물론 새로운 의학 연구의 산실로서 명실 공히 국가, 사회에 봉사하는 바 크리라 기대하여 마지않습니다.

| 〈향록학보〉 1978년 9월 30일 창간호

본래 대학교육은 자율적 인격의 형성에 그 목적을 두고 있습니다.

| 〈향록학보〉 1978년 9월 30일 창간호

소신을 다하는 실천자가 되기 위해서는 먼저 자기가 하는 일에 기쁨을 느껴야겠습니다. 기쁨이 없는 일을 한다는 것은 본인을 위해서도 불행한 일이 아닐 수 없습니다. 매사에 소극적이고 부정적인 태도를 버리고 보다 적극적인 자세와 기쁜 마음으로 임할 때에 소신을 다할 수 있는 힘과 그 성과가 비로소 나타날 것입니다.

| 〈향록학보〉 1979년 9월 29일

본인은 오늘 졸업하는 제군과 이 자리에서 다시 한번 우리 대학의 설립이념이 양적 팽창보다는 질적 향상을 도모하여 국가와 민족에 유익한 인재를 배출하는 데 있다는 것을 확인하고자 합니다.

| 1984년 제1회 졸업식 치사. 〈향록학보〉 1983년 2월 29일

젊음의 특권이랄 수 있는 패기나 용기는 겸손한 가운데 오히려 그 빛을 더하기 마련입니다. 무분별한 패기는 자칫 만용으로 전락하기

쉽습니다. 기성가치나 질서의 무비판적인 부정보다는 사회의 기성질서를 존중하면서 진지하게 현실을 직시하는 태도가 필요한 것입니다.

| 1984년 제1회 졸업식 치사. 〈향록학보〉 1983년 2월 29일

본인은 평소 병원조직에서 가장 중요한 것은 '사람'이라는 소견을 피력해왔습니다. 아무리 좋은 의료기기, 아무리 훌륭한 병원시설을 갖췄다 하더라도, 환자를 진심으로 돌보아주려는 의사의 마음가짐이 없다면 그 의료기기는 한낱 쓸모없는 기계에 불과할 것이고, 환자를 정성으로 보살펴주려는 간호사의 봉사정신이 없다면 그 의료시설은 쓸데없이 공간만 차지하게 될 것입니다.

| 1985년 신년사 〈순천향 서울병원보〉 1985년 1월호

향설 서석조 박사(집무실에서)

오만하고 부정적인 자세는 자칫 자기 삶 전체를 부정해버리는 오류를 범하는 경우가 많습니다. 보다 진지한 생활자세 속에서 우리는 값진 삶의 가치를 찾을 수 있기 때문입니다.

| 1985년 졸업식 식사. 〈향록학보〉 1985년 2월 21일

우리에겐 지나친 자만도 문제지만 지나친 자책도 경계해야 하는 것입니다. 지나친 자만은 나태와 자족에 빠져 발전을 저해하는 독소요, 지나친 자책 또한 좌절과 절망의 나락으로 우리를 떨어뜨릴 수 있는 적이기 때문입니다.

| 개교 8주년 기념축사. 〈순천향 서울병원보〉 1985년 5월호

대학이 그가 존립하는 지역사회에 공헌하지 못할 때, 그 대학은 존립 가치를 상실하는 것입니다.

| 〈순천향대학보〉 1986년 5월 27일

현대사회는 실천력이 없는 나약한 지성인을 원하지 않습니다. 자신이 가지고 있는 능력을 힘차게 추진할 수 있는 실천력이 있는 지성인을 바라고 있는 것입니다. 지성과 야성을 함께 겸비한 실천인, 그것이 바로 우리 사회가 요구하는 지도자인 것입니다.

| 〈순천향대학보〉 1986년 5월 27일

순탄한 연륜보다는 그 속에 크고 뚜렷한 무늬가 생기는 연륜을 만들자는 것이 나의 바람입니다. 왜냐하면 그것은 곧 우리 순천향인의

몸부림이요 노력의 증거이며, 나아가 한국 대학사에서 틀림없이 각명한 자취가 될 것이기 때문입니다.

| 개교 9주년 기념치사, 〈순천향 서울병원보〉 1986년 6월호

대학병원은 교육, 연구, 진료 등 3박자가 조화를 이루어 고루 발전할 때 그 고유의 기능과 역할을 다할 수 있다.

| 〈병원회보〉 1987년 4월 27일자

병원은 어느 개인의 소유물이 될 수 없는 공익기관이다.

| 〈병원회보〉 1987년 4월 27일자

고통받는 환자에게 최선을 다하여 인술을 베푸는 것, 그리고 그들을 내 가족처럼 따뜻한 사랑의 마음으로 보살피고 간호하는 것이 곧 사랑과 봉사의 실천이 아니겠습니까? 새로운 시설이나 고가의 의료장비를 확충하는 것도 필요하지만 우리가 경쟁에서 이길 수 있는 가장 큰 무기는 사랑과 봉사의 정신임을 새롭게 인식해야 하겠습니다.

| 1996년 신년사, 〈순천향 의료원보〉 1996년 1월호

의료인은 질병으로부터 고통받고 있는 환자들을 위하여, 그들의 아픔을 덜어주고 나아가 완쾌하게 함으로써 건강한 육체로 건전한 생활을 할 수 있도록 돕는 일을 하는 사람들이라는 것을 잊지 말아야 합니다. 그러기에 의료인이 가져야 할 가장 기본적인 자세는, 최선을 다해 환자를 돌보는 일인 것입니다. ……환자를 돌보는 데 있어 가장 중

요한 것은 무엇보다도 마음가짐입니다. 그 마음가짐이란 다름아닌 깊은 관심과 사랑을 뜻합니다. 사랑이 깃들지 않은 진료 자세는 결코 최선의 치료가 될 수 없습니다. ……의료인은 부(富)나 명예를 추구하는 직업도 아니요, 자기현시적 출세를 지향하는 사람도 아닙니다. 오직 삶 중에서 가장 고통스럽고 두려운 처지에 놓인 사람들을 돌보고 치료하는 가장 낮은 일을 하는 사람들입니다.

| 〈순천향연보〉 제3호

향설의 임상노트

1975년, 경향신문 〈의학계 권위들의 임상노트〉 코너에 연재한 서석조 박사의 건강에세이 중 일부를 요즘 맞춤법대로 수정하여 수록한다.

중풍의 다양한 원인 1975년 8월 22일

의학술어에는 중풍이라는 말이 없다. 보통 의학에서는 뇌졸중증이라는 말을 쓴다. 뇌졸중증은 뇌혈관이 동맥경화증에 의해 갑자기 막히거나 혹은 뇌의 소동맥이 파열 또는 출혈되어 반신불수가 되거나 혼수상태에 빠지는 질환이다.

일반적으로 반신불수인 환자를 가리켜 중풍이라고들 말하는데 의학적으로 볼 때 반신불수에 이르는 질환은 그 원인과 종류만 해도 수십여 가지나 된다.

뇌졸중증은 40대 이상 성인에게 가장 많은 사인이 되는 병으로 40세 이상 사망자 전체의 약 20~25퍼센트를 차지하고 있다. 10명 가운데 두 명이 뇌졸중증으로 사망하는 셈이다. 얼마나 무서운 병인가를 짐작할 수 있다.

뇌졸중증만 해도 그 원인을 세밀히 검토하면 10여 종류가 넘으나 그 중에서 가장 많은 것은 뇌혈전증, 뇌출혈, 선천성 뇌동맥류가 파열되어 발생하는 뇌출혈, 혹은 지주막하출혈이 생기는 병 등이다.

뇌혈전증은 뇌의 동맥경화증이 심해져서 뇌의 큰동맥에 혈전이 발생하여 혈관이 갑자기 막히고 피가 통하지 않아 뇌조직이 손상을 입어 의식을 잃거나 반신불수의 증상이 갑자기 나타나는 것이다.

뇌출혈은 대부분 고혈압으로 인해 뇌소동맥에 병변이 일어나 혈관이 파열되어 갑자기 출혈과 함께 뇌조직이 파괴되어 혼수상태에 빠지는 일이 많다.

뇌졸중증 환자 100명 중 약 60~70명은 뇌혈전증이고, 20~25명은 뇌출혈, 5명 정도가 동맥류 출혈이다. 뇌혈전증은 앞서 말한 대로 뇌동맥의 동맥경화증으로 혈액이 응고하고 혈관이 막혀 생기는 병으로 대부분 의식에는 심한 장애가 없고 반신불수만 나타나는 예가 많다. 뇌혈전증과 뇌출혈은 정반대의 현상이 원인이 되어 일어난다.

따라서 치료에서도 뇌혈전증에는 혈액이 응고하지 못하게 하는 약물이나 혈전을 용해시키는 요법을 써야 되는 한편, 뇌출혈은 반대로 혈

京鄕新聞
醫學界 權威들의 臨床노트
腦血栓症·腦出血이 가장많아
症勢따라 용해·응고療法써야
中風의 다양한 原因
<116>

1975년 8월 21일부터
9월 30일까지
경향신문에 연재된
향설의 임상노트

액응고를 촉진시켜 더는 출혈이 일어나지 않도록 막아야 하며 뇌혈전증과 정반대의 요법을 사용해야 하는 것이다.

당뇨병의 치료 1975년 8월 27일

치료하기 힘든 병 중 하나인 당뇨병의 치료방법에는 대략 3가지가 있다. 약물요법(먹는 당뇨약, 인슐린주사 등), 식이요법, 일상생활에서의 건강관리. 이 중 가장 중요한 방법으로 일부 의사나 사회에서는 약물치료나 식이요법을 흔히 들지만 필자의 오랜 경험에 의하면 일상생활에서의 건강관리가 가장 중요하다. 왜냐하면 필자도 당뇨병 환자로서 10년 넘게 스스로를 치료해오고 있던 차에, 언젠가 한 3주가량 병원 일에서 손을 떼고 완전한 휴식과 식이요법을 병행하며 지낸 결과 소변에 당이 거의 안 나올 정도의 효과를 본 경험이 있기 때문이다. 나 자신의 경험뿐 아니라 신경 쓸 일을 멀리하고 충분한 휴식을 취한다든가 또 운동을 함으로써 당뇨병 치료에 급진전을 가져오는 등의 효과를 여러 환자들에게서 실제로 많이 보기 때문이다.

그러나 어떤 방법을 택하든 식이요법은 반드시 지켜야 한다. 덧붙여 필자가 강조하고 싶은 것은 너무 엄격히 지키려고 애쓸 필요는 없다는 것인데, 이는 지나치게 식이요법을 강조하면 실패하기 쉽기 때문이다. 사회생활을 하다 보면 항상 집에서 식사하는 것이 쉽지 않을뿐더러 더러 여행을 하는 수도 있으니 식이요법은 대략의 원칙을 따르면 족하다고 생각한다.

식이요법에는 첫째 먹어서는 안 될 음식이 있고, 둘째 마음대로 먹어도 되는 음식이 있으며, 셋째 적당히 제한하여 먹어야 할 음식이 있다. 먹어서 안 될 음식은 설탕 등 감미가 강한 모든 음식들이다. 자유로 먹을 수 있는 종류는 모든 육류, 어류, 계란, 야채류 등 단백질과 지방질이 주성분인 음식들이다. 쌀, 밀가루, 콩, 감자, 수수, 밤 등 함수탄소가 많이 든 소위 곡물류는 제한해야 한다. 과일 종류도 함수탄소가 상당히 들어 있으니 이것도 제한해야 한다. 대략 기준을 말한다면 밥이나 밀가루 음식 등은 한 공기 미만으로 하고, 빵은 한 조각 이하로 제한해야 한다. 흔히 사회에서 쌀밥은 먹으면 안 되고 보리 · 콩 · 조밥 등은 많이 먹어도 괜찮은 것처럼 말하나 이는 큰 잘못이다. 또한 우스운 얘기로 당뇨병 환자는 소주나 위스키는 먹어도 큰 해가 없으나 청주나 맥주는 대단히 해로운 것처럼 말하나 이 또한 하등 근거 없는 말이며, 술은 어쨌거나 당뇨병에 나쁜 영향을 주는 것만은 사실이다.

결론적으로 당뇨병 치료의 비결은 신경 쓸 일을 하지 말고 충분한 운동을 하면서 적당한 식이요법을 하는 것이라고 생각한다.

무서운 당뇨병 합병증 1975년 8월 29일

당뇨병의 초기 증상은 목이 말라 물을 많이 먹고 소변을 자주 보고 체중이 줄며 몸에 피로감을 느끼는 외에는 특별한 괴로움이 없는 것이 보통이다. 따라서 당뇨병이 있으면서도 그저 몸이 피곤하여 그런 줄 알고 당뇨병에 걸린 것을 모르는 수가 있다. 또한 위에 말한 네 가지 증상은 환자에게 큰 고통을 주지 않는 만큼 환자들은 당뇨병을 대수롭지 않게 생각하는 수가 많다. 그러나 당뇨병이 무서운 이유는 병 자체보다 당뇨병이 유발하는 합병증에 있다.

가장 무서운 것은 당뇨병 환자는 여러 가지 급 · 만성 세균성 질환에 저항력이 약해 급성 전염병에 걸리거나 폐결핵 등 만성질환에 걸렸을 때 이들 질병의 진행이 급속할뿐더러 치료를 강력히 해도 효과가 나타나지 않는 수가 많다는 점이다.

다음으로 중요한 합병증은 동맥경화증의 조기 발생이다. 잘 알려진 바와 같이 동맥경화증으로 인하여 심장마비, 심부전증 등 심장병은 물론 뇌혈전증에 의한 중풍 등이 조기에 발생할 뿐 아니라 뇌신경계통에 당뇨성 변화를 일으켜 하지마비, 배뇨장애 등의 증상이 나타나고 시신경에 당뇨성 변화를 일으켜 눈이 보이지 않게 되거나 백내장이 갑자기 시작되는 수도 있다.

이상과 같은 합병증들은 필자가 흔히 보는 것들이나 이외에도 더 무서운 합병증이 올 수 있다.

위에 말한 당뇨병의 합병증들은 이것이 이미 발생한 후에는 그 치료가 거의 불가능하다. 따라서 합병증이 나타나기 이전에 당뇨병 치료를 철저히 해야지 합병증이 나타났을 때는 이미 시기는 늦은 것이고 다만 그러한 합병증이 더는 진행하지 못하게 막는 방법밖에 없다.

그러므로 당뇨병이란 병은 별 자각 증상이 없더라도 처음부터 이를 철저히 치료하여 합병증이 일어나지 않도록 하는 것이 당뇨병 치료의 대원칙이 되어 있는 것이다.

당뇨병 자체가 무서운 것이 아니라 당뇨병에 수반되는 합병증들이 환자에게 고통을 주고 생명을 빼어가는 것이다.

비만증 치료 1975년 9월 4일

가을이 코앞이다. 살찐 사람을 가리켜 '풍채가 좋다'고 부러워하던 때도 있었건만 요즘은 우리나라에도 의학지식이 널리 보급된 탓인지 뚱뚱한 몸매를 걱정하는 이들이 많은 것 같다. 비만증은 백해무익한 존재이다. 비만증 환자 가운데 고혈압 등 순환기 질환, 당뇨병 등 만성질환이 월등히 많아서 현대의학에서 비만증은 하나의 질환으로 취급되기까지 한다.

비만증 치료에는 여러 가지 방법이 있지만 가장 효과적인 것은 운동과 식이요법이다. 운동만으로 '살을 뺀다'는 것은 실제에 있어서 대단히 힘든 일이다. '살이 찌는' 현상은 에너지 불변의 법칙에 따른 물리화학적인 현상이다. 즉 섭취한 칼로리가 소모되는 칼로리보다 많을 때 남은 칼로리만큼 지방으로 변해 살이 찌게 만든다.

이와 같이 지극히 간단한 원리로 일어나는 비만증은 심한 운동을 함으로써 에너지 소모를 증가시켜 치료를 하는 것도 한 가지 방법이지만 운동량이 여간 많지 않아서는 에너지 소모가 에너지 섭취를 능가하기 어렵다. 따라서 가장 좋은 방법이 식이요법이다. 우리가 먹는 3대 영양소 가운데 가장 칼로리가 높은 것은 지방질이고 그 다음이 탄수화물, 단백질 순이다. 따라서 지방질 섭취를 제한하고 다음으로 감미로운 음식을 피하고 단백질과 야채 위주로 식사하는 것이 식이요법의 원칙이다. 단백질 식품으로 쇠고기, 닭고기 등 육류 중에서도 지방질을 뺀 것, 생선, 계란 흰자위가 좋다.

비만증 치료에서 주의해야 할 점은 하루에 섭취한 칼로리의 총량인데 대략 1일 1,800~2,000칼로리 미만이 좋다. 또한 식이요법에서 효과적인 방법은 하루에 모든 음식을 4~5시간 간격을 두고 나누어 먹는 방법이다. 살을 뺀다고 끼니를 거르는 것은 대개 역효과를 내기 일쑤이다.

굶은 다음에 식사를 많이 하면 당시의 체내에는 에너지 소모보다 공급이 많아져 살을 찌게 하는 결과를 낳을 수 있다. 체중을 줄이는 것은 큰 노력이 필요하다. 그렇다고 살을 뺀다며 식욕감퇴제, 신진대사촉진제, 이뇨제 등 약에 의존하는 것은 건강을 해칠 수 있다는 점을 명심해야 한다.

만성간염 1975년 9월 24일

고도로 발달된 현대의학이지만 아직도 치료가 극히 어렵거나 불가능한 질병이 적지 않다. 공포의 대상이 되는 암 외에 간장 질환 중에서도 간경화증은 난치병 중의 난치병이다.

알다시피 간은 체내의 모든 대사물질을 화학적으로 처리하는 방대한 화학공장이다. 우리가 간에 대해 알고 있는 지식은 빙산의 일각에 지나지 않기 때문에 간장 질환에 대한 근치법이 없는 형편이다. 따라서 예방이 더욱 중요하다.

우리나라에서 간경화증이 비교적 많은 것은 만성간염이 많은데다 철저히 치료를 받지 않는 까닭으로 해석할 수 있다.

만성간염은 당초에 간의 염증이 서서히 계속되는 수가 많지만, 급성간염 후에 생기는 것이 대부분이다.

만성간염은 염증이 지속적으로 계속되는 지속형과 재발을 반복하는 두 가지 형이 있지만 어느 형이든 간경화로 악화될 수 있어 극히 위험한 질환의 하나이다.

만성간염은 뚜렷한 자각증상이 없는 것이 대부분이고 증상이 있더라도 전신권태, 약간의 식욕부진 외에는 별다른 증상이 없다. 그래서 환자가 병원을 일찍 찾는 일이 극히 드물고, 병원에서 진단을 받더라도 대수롭지 않게 여겨 치료가 안 되는 것이 보통이다.

"간기능검사에서 만성간염의 소견이 나왔으니 치료를 하라"고 일러주면 "아무렇지도 않은데 왜 그러느냐"고 따지는 사람도 있고 아예 병원을 다시 찾지 않는 사람이 허다하다.

다른 간장 질환과 마찬가지로 만성간염 역시 특효약이랄 게 딱히 없고 충분한 영양 섭취와 안정이 필요한데 오랫동안 치료해야 하는 까닭에 치료를 소홀히 했다가 악화되는 경우가 많다. 원래 만성간염은 재발이 잘 되기 때문에 환자의 끈질긴 투병자세가 치료를 좌우한다고 할 수 있다.

불치에 가까운 간경화증도 만성간염에서부터 시작됨을 새겨 가볍게 보지 말고 일단 진단이 내려지면 의사와 환자가 혼연일체가 되어 치료에 전력을 기울여야 한다는 것을 강조하고 싶다.

향설의 후학들

순천향병원을 시작한 이후는 물론이고, 그 이전에도 서석조 박사는 가는 곳마다 많은 이들에게 영향을 끼쳤다. 곡초서 박사, 김인수 박사, 허경발 박사, 그리고 순천향을 졸업한 후학들의 이야기를 다 모은다면 한 권의 책으로도 부족할 것이다. 여기에는 우선 취재를 마친 몇 분의 이야기를 소개한다. 앞으로도 향설의 후학들에 대한 인터뷰는 대학 매거진 계간 〈순천향人〉을 중심으로 계속될 예정이다.

김부성 _ 순천향중앙의료원 명예원장

김부성 박사는 간 전문의로서 순천향대학교 의무부총장과 부천병원 병원장을 역임하고 현재 순천향중앙의료원의 명예의료원장을 맡고 있다. 그는 1960년 가톨릭의과대학을 졸업하고 인턴으로서 수련할 때 서석조 박사를 처음 만났다.

어느 날 서석조 박사에게 급한 일이 생겨 김부성 박사가 대신 진료를 맡게 되었다. 그전까지 서 박사가 치료하던 환자를 만나 정중하게 문진을 하고 진찰한 다음,

서 박사가 썼던 처방과 거의 같은 내용의 처방을 내렸다. 그런데 그 다음날 서 박사가 물었다. "김 군, 그 환자 처방이 뭐가 달라졌는가?"

"아닙니다. 교수님 처방 그대로 했습니다."

"환자는 약이 다르다고 하는데……."

분명히 같은 약을 처방했다. 그런데 환자는 약이 달라졌다고 한다. 확인해보니 환자는 뭔가 달라졌다고 믿고 있었다. 서 박사가 아닌 의사가 진료하고 처방하니 같은 약도 다르게 느껴졌던 것이다. 의사에 대한 신뢰가 환자의 느낌은 물론이요 몸의 상태까지 좌우한다는 것을 다시 한번 깨달을 수 있는 일이었다. 서 박사는 환자를 대할 때 항상 친절하고 자상한 태도로 임했다. 병에 관한 설명도 가능한 한 상세하게 하기 위해서 노력했다. 그런 모습을 보며 환자들은 자연스럽게 박사를 깊이 신뢰하게 되었다. 환자가 의사를 신뢰하면 질병의 치유에도 긍정적인 영향이 미친다고 박사는 항상 강조했다.

서석조 박사는 환자와 대화하는 것이야말로 가장 중요한 일이라고 생각했다. 병에 대해 문진하는 것 외에도 환자의 개인적인 문제, 가정사는 물론이요 사회에서 겪는 갈등에 대한 호소까지 들어주고 공감해주었다. 그리고 환자가 말한 내용을 꼼꼼히 메모해두었다가 다시 만났을 때 '지난번 그 일은 어떻게 되었느냐'며 관심을 보였다. 의사가 어떤 환자와 한번 인연을 맺으면 가족이나 마찬가지라는 게 서 박사의 생각이었다.

이런 성품이다 보니 회진할 때마다 한 환자당 할애하는 시간이 한없이 늘어지기 일쑤였다. 서 박사가 회진을 끝내고 내려가면 레지던트는 그때부터 처방을 내고 처치를 하느라 정신없이 바빴다. 1분 1초가 금쪽같은 의사들로서야 서 박사의 장시간 회진이 원망스러울 때도 있었지만, 사실 그러면서 많은 것을 배울 수 있었다. 질병을 이해하기 위해서는 환자와 대화를 많이 해야 한다, 환자는 의사를 신뢰하지 못하면 자신의 아픔을 털어놓지 않는다, 그러므로 의사가 할 일은 먼저 환자의 신뢰를 얻는 것이다……. 김부성 박사는 지금도 가끔 박사의 생생한 음성이 귓전을 울리는 듯하다고 말한다.

변박장 _ 순천향대학교병원 신경외과 명예교수, 전 중앙의료원장

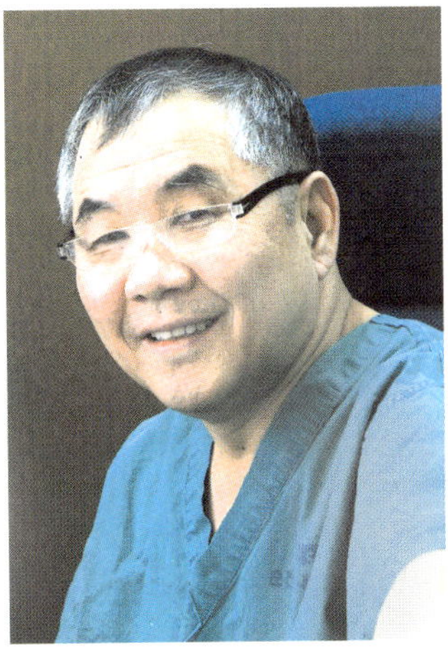

변박장 박사는 국내 뇌신경외과 분야의 권위자로 잘 알려져 있다. 워낙 바쁜 그를 환자들이 만나기도 쉽지는 않다. 가능한 한 많은 환자를 만나고 싶지만 이제 적잖은 나이에 들어선 그로서는 체력적 한계가 느껴지는 것도 사실이다. 서석조 박사 밑에서 배우던 것이 엊그제 같은데, 무상한 세월이 살같이 빠르게 흘렀다. 뇌신경 분야의 수술은 워낙 미세한 부분을 다루는 고난도의 수술이다.

"외과의는 건강해야 합니다. 몇 시간씩 계속되는 수술에서 의사가 지치면 환자가 위험해지기 때문입니다. 요즘은 젊은 후배들의 수술 과정 중 핵심적인 부분을 조언하는 방식으로 참여하고 있습니다."

변 박사는 1974년에 순천향과 인연을 맺었다. 이후 순천향병원과 대학의 설립자인 고 서석조 박사를 보필하며 6년 동안 레지던트 생활을 했다. 짧지 않은 기간이었지만 힘든 줄도 모르고 그 세월을 보냈다.

"박사님으로부터 사랑도 받았고, 또 많은 것을 배웠습니다. 박사님은 사람의 마음을 움직이는 힘이 있는 분이었어요. 그런 분이

기 때문에 당시의 어려운 조건 속에서도 병원과 대학이라는 이 큰 사업들을 시작할 수 있었을 것으로 생각합니다."

서석조 박사는 늦은 시간에 약주라도 한잔 드실라치면 병원 인근에서 생활하고 있는 신혼의 변 박사를 아무 스스럼없이 불러낼 정도로 박사를 아꼈다고 한다. 변 박사가 기억하는 의사 서석조 박사는 항상 환자 중심으로 생각하는 의사였다. 그 밑에서 겸손한 의사, 친절한 의사가 되겠다는 생각을 하게 된 것은 너무나 당연한 일이었다.

"의사의 능력이란 사회적 소유라고 해도 과언이 아닙니다. 의사가 되기까지 사회로부터 많은 도움을 받는데, 훗날 그것을 잊으면 안 됩니다. 그러면 환자를 대하는 마음가짐부터 달라집니다. 이러한 실천이 의사들에게는 곧 노블레스 오블리주라고 생각합니다."

그는 '명의(名醫)'란 '심의(心醫)'가 되어야 한다고 강조한다.
"'심의'란 말은 조선시대 세조가 한 말입니다. 세조는 좋은 의사란 그 눈빛만으로도 환자를 치료할 수 있어야 한다고 말했습니다. 따뜻한 마음이 중요하다는 것을 강조한 표현이겠지요. 이 점은 지금 시대에도 똑같이 적용할 수 있습니다. 환자의 병은 물론이요 그 상처받은 마음과 여건까지 배려할 수 있을 때 의사는 진정한 의사로 다시 태어나는 것이라고 생각합니다."

변 박사는 한국의 예비 의사들에 대한 현재의 교육내용을 우려하고 있다. 전문가로서의 의사 이전에 '인간'을 이해할 수 있는 의사가 되도록 가르쳐야 할 텐데, 현재의 교육 내용은 그에 크게 못

미치기 때문이다.

"우리 순천향의 건학이념이 '인간사랑'인데, 참으로 아름다운 말씀입니다. 의사들이 견지해야 할 기본 자세가 바로 그것입니다. 그런 마음을 가질 수 있어야 해요. 일본의 경우는 대학들이 의사의 인성교육을 위해 정규 교과목까지 바꾸는 등 많은 노력을 기울이고 있습니다. 궁극적으로는 그런 의사가 될 때 진정한 의사로서의 경쟁력을 말할 수 있는 것입니다. 우리는 너무 부족해요. 우리 의대들이 일본 수준의 문제의식을 가지려면 아직 멀었습니다. 다행히 순천향의 경우는 설립자의 뜻에 영향을 받은 것도 있고 해서 그런지 비교적 인성 위주의 좋은 교육이 이루어지고 있다고 봅니다. 순천향 출신 의사들은 다른 병원에 가서도 대개 좋은 평가를 받고 있습니다."

얼마 전까지 그는 순천향대학교병원 중앙의료원장이라는 막중한 직책을 맡고 있었다. "병원도 병원이지만 우리 순천향대학이 전체적으로 발전해야 합니다. 의대와 다른 대학들의 교류도 필요합니다. 우선은 순천향의 모든 교수들이 허심탄회하게 소통하기 위한 노력이 필요합니다."

변박장 박사는 지금도 순천향병원의 상징적 존재로서 다양한 활동을 계속하고 있다. 두말할 나위 없이 그는 개원 이후 순천향병원을 변함없이 지켜온 순천향 역사의 산증인이요 순천향병원 성장의 일등공신이다. 앞으로도 오랫동안 그의 '따뜻한 진료'를 보고 싶다. 환자들에게 새로운 활력을 안겨주는 변박장 박사의 모습을 보고 싶다.

김성구 _ 순천향대학교병원 순환기내과 교수, 전 서울병원장

좋은 의사란 어떤 의사를 말하는 것일까? 물론 병을 잘 고치는 능력이 첫 번째 조건일 것이다. "그 선생님을 만나지 않았으면 정말 큰일 날 뻔했습니다." 어려운 과정을 거쳐 병을 고친 환자들은 의사를 평생의 은인으로 기억하게 된다. 그렇지만 현실 속에서 명의 '화타(華陀)'를 만나기는 쉽지 않은 일이다. 그래서 좋은 의사의 두 번째 조건이자 가장 현실적인 조건은 믿음이 가는 의사라고 사람들은 말한다. 믿을 수만 있다면 치료의 결과가 어떻게 나타나든 환자는 만족한다고 보기 때문이다.

"먼저 환자나 그 보호자들이 믿을 수 있게 배려해야 합니다. 어려운 치료일수록 더욱 그래요. 예를 들어서, 심혈관계 수술의 경우 사실 일반인들은 그 질환이 어떻게 발전하는지도 잘 모르고, 또 치료 과정이 어떻게 되는지도 알 수가 없습니다. 그래서 수술 결과가 자신들의 상식에 어긋날 경우 때로는 격한 반응을 보이기도 하는 것입니다. 이해할 수가 없기 때문입니다. 물론 의사 입장이야 최선을 다한 끝에 비난까지 듣게 되니 억울할 수밖에 없지만 사전에 충분히 설명하지 않았다면 다 잘한 것은 아니지요. 의사를 믿는 환자는 의사의 실수까지도 포용합니다. 그가 최선을 다했다고 생각하기 때문입니다."

김성구 박사의 생각은 명쾌했다. 의사도 항상 잘할 수는 없는 법이고, 때로는 소소한 실수를 하기도 한다. 그럴 때 의사와 환자 사이의 믿음은 결정적인 역할을 할 수 있다는 것이다.

"젊은 의사들은 의사란 무엇인지 다시 생각해보아야 합니다. 환자 없이는 의사도 존재할 수 없는 것입니다."

김성구 박사는 그런 마음으로 30년 세월을 순천향병원에서 보냈다. 병원장이라는 무거운 책임까지 맡기도 했다. 물론 가장 중요한 일은 순환기내과 의사로서 환자들을 진료하는 일이다. 그가 쉴 수 없는 이유는 소문난 그를 만나기를 원하는 환자들이 아직 너무 많기 때문이다.

"유감스럽게도 심혈관계 환자들이 날로 늘어나고 있습니다. 전에는 주로 50대 이후 질병이라고 보았는데 요즘은 30대, 40대 환자들도 적지 않습니다. 아무래도 경제력 향상에 따라 식습관이 변화한 탓이 큰 듯합니다."

심혈관계의 이상증세란 한번 발병하면 치명적 위험이 뒤따르게 되므로 예방이 중요하다고 김 박사는 덧붙인다. 특히, 50세 이상에 흡연습관을 버리지 못하고 있고, 비만하기까지 하다면 위험은 배가된다. 이런 경우라면 병원을 통해 적극적으로 관리하는 게 현명하다.

"그런데 요즘 순환기내과 분야도 의사들이 소위 선호하는 분야는 아닙니다. 앞으로 수요는 많아질 텐데 젊은 의사들이 힘들다는 이유로 선뜻 뛰어들지를 않아 걱정입니다. 멀리 내다보면 조금 달라질 수 있을 텐데 아쉽습니다."

김 박사는 현재의 유행에 너무 민감한 젊은 의료인들의 선택은 장기적으로 볼 때 현명하지 못하다고 충고한다. 현재는 기피하는 분야일지라도 언젠가는 선호 분야가 될 수 있기 때문이다.

더욱 중요한 점은 의사들이 기본 분야를 소위 전망이 불투명하다는 이유로 외면한다면 훗날 이 나라 의료는 누가 책임을 질 수 있겠냐는 것이다. 당장 일부 지역은 산부인과도 없고 소아과도 태부족해서 환자들이 장거리 여행이나 해야 겨우 진료를 받을 수 있다는 웃지 못할 경우까지 발생하고 있다. 이런 문제에 대해서는 정부의 확실한 배려가 전제되어야 한다는 것은 물론이다.

1975년 개원 이후 순천향병원은 김성구 박사와 함께 크게 변해 왔고 앞으로도 그러할 것이다. 거대 자본이 후원하는 대형 병원들과의 경쟁 역시 피할 수 없는 현실이다. 순천향병원 역시 그 경쟁에서 뒤처질 수는 없다.

"병원 건물도 머잖아 다시 지어야 할 것입니다. 또한, 일부 강점이 있는 분야를 선택해서 집중적으로 키워갈 필요가 있습니다. 소화기내과, 외과(유방 질환 관련), 혈관 외과(심부전 관련) 등이 그런 분야가 되겠지요. 그리고 이미 특화하는 데 성공한 외국인 진료를 위해 많은 것을 확충해야 합니다."

가장 중요한 것은 순천향병원이 '인간사랑'의 정신으로 설립된 환자 중심의 병원이라고 그는 강조한다. 문제는 모든 구성원들의 실천이다. 그러한 순천향의 노력을 환자들이 인정하게 된다면 그 어떤 경쟁도 두려울 것이 없다. 서석조 박사가 뿌린 감동의 씨앗을 싹틔우는 일, 순천향 가족들에게는 아직 숙제가 많다. 그러나 박사가 분명히 못박아두었으므로, 발전 방향에 대한 고민은 없다. 순천향은 순천향만의 길로 갈 것이다. 그 선두에 김성구 박사가 변함없이 서 있다.

홍세용 _ 순천향대학교 천안병원 신장내과 교수

의사가 자기 직업에 대해 자부심을 갖게 되는 건 언제일까? 의사라면 나름의 대답을 하겠지만, 국내 최고의, 아니 농약 관련 질환의 세계적 권위자인 홍세용 박사의 생각은 색다른 면이 있다. 그는 일단 이야기를 26년 전으로 되감는다. 1984년 무렵, 순천향대학교 천안병원에서 근무를 시작할 당시, 순천향의 설립자인 서석조 박사를 처음 만났던 때로 말이다.

서 박사는 한 달에 한두 번 천안병원을 찾을 때마다 의사들과 중국집에서 소탈한 술자리를 가지며 이런저런 얘기를 나누는 걸 즐기는 성품이었다. "병은 하늘이 고치는 것이다, 의사가 할 수 있는 일은 환자의 고통을 나누는 것뿐이다." 이것이 그의 좌우명이었다. 환자 앞에서 호언장담하지 않고 의사의 한계를 누구보다 잘 아는, 그래서 항상 성실한 자세로 치료에 임하는 모습이 무엇보다 인상적이었다고 홍 박사는 회고한다. 서석조 박사는 환자나 보호자들에게 "한번 해봅시다"라고 말하곤 했다. 이는 치료자의 의지가 배어 있는 한마디였지만, 어쩌면 그 말은 희망과 절망의 경계선에 서 있는 환자들 앞에서 의사가 할 수 있는 최선의 말이 아닐지, 이제 원로의 자리에 들어선 홍 박사는 생각한다.

"그런 분이 세운 병원이기에 순천향대학교 병원에는 남다른 점이 있습니다. 이곳에선 시스템 자체가 의사는 환자의 경제적 능력 등 신상정보를 알 수 없게 되어 있어요. 제가 알기로는 국내에선 유일한 경우입니다. 그리고 동일 질환의 경우, 환자 일인당 진료비가 다른 병원보다 낮아요. 다른 병원에 갔던 환자들이 우리 병원으로 발길을 되돌리는 것은 바로 그런 이유 때문입니다. 저는 이런 것에서 의사로서 프라이드를 느낍니다."

환자에 대한 배려가 치료의 기본이라는 생각, 그것이 의사로서의 프라이드와 직결된다는 게 그의 대답이다. 국내 최고의 농약 관련 질환 전문가가 된 것도 그 출발은 환자에 대한 배려였다. 현재 급속도로 변화하고 있지만 아직도 천안은 농업지역이다. 20여 년 전에는 더욱 그랬다. 그래서 농약중독 환자들이 병원을 찾는 일이 잦은데 정작 의사들은 적절한 대처법을 몰랐던 것이다. 급성환자에 대한 대처법도, 만성환자에 대한 치료법도 제대로 된 게 없었다. 이건 근본적으로 우리나라 의학교육 시스템의 문제이기도 했다. 교육내용도, 교재도 미국에서 도입된 것이기 때문에 의대생들은 미국인들에게 흔한 질환을 우선적으로 배울 수밖에 없었다. 미국 의학교재에 없는 농약 관련 질환은 배우고 싶어도 배울 수가 없었던 것이다. 질병과 의학교육의 불일치 문제는 아직도 해소하지 못한 숙제이다.

대형 병원들은 지금도 농약중독에 관심이 없다. 서울대병원, 세브란스병원 등은 농촌지역에 분원이 없을 뿐만 아니라 농약중독 환자가 찾아가봐야 진단, 치료할 의사도 없다. 예나 지금이나 농촌의학은 우리나라 의료계에서 가장 소외된 분야다. 그 때문에 희생되는 건 전 국민의 5퍼센트에 해당하는 농민들뿐이다. 의료보험에 농약중독이라는 항목이 없을 정도다.

"저도 농촌 출신입니다. 전북 익산에서, 농민들 사이에서 성장했어요. 농약중독으로 인한 고통을 잘 압니다."

그는 결국 농촌지역의 병원에 근무하는 의사로서, 농약을 마시고 응급실로 실려오는 환자에게 위세척과 포도당 주사를 놓아주는 것밖에 할 수 없다는 게 괴로워 독학으로 농약중독에 대해 연구하기 시작했다. "목마른 사람이 샘을 파는 것입니다." 그는 일단 국내에서 시판되는 농약의 성분과 위험성을 분석하기 시작했다. 이를 바탕으로 몸 속에 들어온 농약 성분을 몸 밖으로 배출하는 치료법을 연구했다.

"내가 잘한 것이라면 농약중독 치료법을 화학적으로 찾아낸 겁니다. 하지만 나 혼자서는 절대 할 수 없었을 거예요. 처음에는 연구환경이 열악해서 도무지 앞길이 보이지 않았지만, 대덕연구단지가 생긴 덕분에 그곳 연구 인프라의 도움을 받을 수 있었습니다."

4, 5년 전부터는 뜻하지 않게 유명세를 타기 시작했다. 외국에까지 알려져서 세계독성학회는 그의 강연을 요청해놓은 상태다. 현재 순천향대학교 천안병원에는 연간 400명 내지 500명의 농약 관련 환자가 입원한다. 내원환자는 천 명을 상회한다. 환자는 전국 각지에서 온다. 호남, 영남, 경기도, 강원도…….

"의사로서 동료 의사의 인정을 받는 것만큼 고맙고 기쁜 일도 없습니다. 환자를 저에게 보내는 것은 신뢰의 표시일 것입니다. 그래서 가능한 한 제 연구를 다른 의사들과 공유하고자 합니다."

홍 박사가 직접 운영하는 순천향 농약중독연구소 사이트(http://honglab.com)는 농약 관련 질환에 대해 실시간 의료상담을 할 수 있는 국내 유일의 공간이다. 그는 하루에도 수십 번씩 틈날 때마다 이 사이트에 들어간다. 위급한 환자들이 남긴 질문에 최대한 빨리 답변하기 위해서다. 질문을 확인하면 3~5분 안에 답변을 올린다. 이 역시 농약에 대한 많은 임상경험을 통해 충분한 노하우를 축적한 그이기에 가능한 일이다. 의사들이 이용하는 상담코너도 있다. 이곳에서 홍세용 박사의 농약중독 치료법이 공유된다.

"농약중독으로 치료받다가 결국 사망한 환자의 아드님이 이 홈페이지를 만들어주었습니다. 그분 부친께서는 병원을 너무 늦게 찾아왔어요. 그분은 자신이 겪은 안타까운 일이 다시 일어나지 않기를 바라는 마음에서 홈페이지 제작과 관리를 맡아주고 있습니다."

농약은 크게 살충제(살균제)와 제초제로 나누어진다. 제초제에서 문제가 되는 건 독성이 강한 비선택성 제초제인데, 이것은 푸른 식물이라면 무조건 죽이는 농약이다. 또한, 농약은 경제적인 이유 때문에도 출시할 때의 농도가 진하다. 그래서 반드시 사용법을 철저히 지켜서 사용해야 한다.

"사실 농약 질환에 대해서는 농민들 책임도 있습니다. 희석 비율이나 살포량을 제대로 지키기만 해도 위험을 훨씬 줄일 수 있습니다. 또, 막걸리통 같은 데다 대충 희석해서 아무 곳에나 놓아두는 습관도 고쳐야 해요."

취급 부주의로 인한 농약중독 환자를 자주 목격하는 홍 박사이기에 이런 대목에서 목소리가 높아진다.

그는 의사들이 돈과 명성을 바라고 소위 인기 있는 진료과목, 성형외과나 피부과 같은 데로 몰리는 천박한 현실을 개탄한다.

"돈 많이 벌기 위해서라면 굳이 의사가 되려고 애쓸 거 없지요. 남들 하지 않는 걸 하다 보면 어느 정도의 돈도, 명성도 자연스럽게 따라옵니다. 의학을 공부하는 후배들에게 꼭 해주고 싶은 말은, 남들 가지 않는 길을 가라는 겁니다."

모든 분야에서 경제성과 효율성을 따지는 시대다. 그런 면에서 많은 농민 환자들이 찾아오는 천안병원은 어쩌면 비효율적으로 운영되는 병원일지도 모른다. 그러나 홍 박사를 비롯한 순천향 식구들은 병원 경영의 제1순위는 환자라는 원칙을 버릴 생각은 없다. 대형 병원이 들어서지 않는 천안, 구미, 부천에 병원을 세운 설립자의 뜻 또한 순천향의 경쟁력이 어떤 내용을 갖춰야 하는지를 시사해주는 것이 아닐까. 순천향의 후배 의사들이 병원의 매출 규모나 환자 숫자만으로는 결코 설명할 수 없는 의사로서의 은밀한 기쁨을 이해하고 누리게 되기를 홍세용 박사는 바라고 있다.

문철 _ 순천향대학교병원 외과 교수, 일반대학원장

우리나라는 이미 선진국에 버금가는 고령화사회로 구분된다. 당뇨, 고혈압 등 질병 분포만 보더라도 여타 고령화 국가들과 유사한 특징을 보이고 있다. 문제는 선진국들의 경우 오래 전부터 이에 대한 사회적 논의가 활발히 이루어져왔고, 또 대비책도 마련해놓은 상태이지만 우리에게는 특별한 준비가 없다는 데 있다. 전문가들은 이러한 상황의 원인으로 정부의 의지 부족을 지적한다. 소위 복지국가들의 경우 현재의 우리보다 경제적 여건이 안 좋을 때부터 이미 사회적 대책을 세우기 시작했다는 것이다. 개인이든 국가든 성장을 핑계로 당장 가능한 행복의 조건을 유보하는 태도를 현명하다고 볼 수는 없을 것이다.

순천향대학교병원 문철 교수가 맡고 있는 만성신부전증 역시 사회 구성원들의 전반적 고령화에 따라 늘어나는 추세를 보이고 있다. 당뇨, 고혈압, 고지혈증 등에 직접적인 영향을 받는 질병이기 때문이다. 문 교수는 만성신부전증 치료에 있어서 자타가 공인하는 국내 최고봉이다. 특히, 고령의 환자, 중증의 환자들에게 반드시 필요한 혈액 투석에 관한 한 그는 전국적인 해결사 역할을 톡톡히 해내고 있다. "자기 혈관을 쓸 수 없게 된 중증 환자들의 혈액 투석을 위해서는 고어텍스로 만든 인조혈관을 삽입해서 길을 마련해주어야 하는데, 국내에 이 수술을 할 수 있는 외과의가 많지 않습니다. 오랜 세월 많은 사례를 경험한 사람이다 보니 믿고 맡기는 것이겠지요." 지금은 고인이 된 김대중 전 대통령 역시 그의 환자였다.

심각한 우려를 낳고 있는 외과 전문의 부족 사태는 문철 교수의 분야에서도 예외가 아니다.

"저 역시 올해 레지던트를 지원받지 못했습니다. 그렇다고 젊은 의사들만 탓할 문제는 아니라고 봅니다. 의료수가를 인상하거나 당장의 월급을 올려주는 것은 근본적인 대책이 아닙니다. 기피 분야의 외과의들이 필요로 하는 것은 좀 더 장기적인 대책일 수밖에 없습니다. 산부인과든 흉부외과든 비전이 보이지 않는데 젊은 의사들이 뛰어들기는 어렵습니다. 물론 대책을 마련한다는 것이 쉬운 일은 아닙니다. 하지만 꼭 필요한 일이니 모두가 지혜를 모아서 하루빨리 해결해야 할 것입니다."

소수의 필요까지도 채워줄 수 있는 사회가 선진 사회다. 남들은 기피하는 질환일지라도 필요한 전문의를 갖추고 대응할 수 있는 병원이 좋은 병원일 것이다. 순천향병원의 설립자 고 서석조 박사는 그 점을 항상 강조하는 의사였다.

"1979년에 서 박사님을 만났습니다. 당시에는 이미 의사로서의 명성이 대단한 분이었습니다. 실력도 출중하셨고, 무엇보다 희생하고 봉사하는 의사정신에 투철한 분이었습니다. 항상 환자 입장에서 생각하셨습니다. 아마 '명의'라면 그런 분이야말로 명의라고 해야 할 것입니다. 훌륭한 인품을 갖추지 못했다면 최고의 의사라고 하기에는 뭔가 부족합니다. 물론 참으로 어려운 조건입니다."

문 교수는 요즈음 명의를 보기 어렵게 된 데는 상황적 이유도 있다는 점을 덧붙여 설명했다. 의사들이 예전보다 전문화되었을 뿐만 아니라 각 분야의 방대한 지식을 섭렵해야 하는 부담을 지고 있다는 것도 하나의 이유라는 것이다. 물론 그럼에도 불구하고 더 좋은 의사가 되기 위해 노력하는 이들이 있다.

"사실 인격적 요소란 단기간에 갑자기 갖출 수 있는 게 아닙니다. 어느 정도는 타고나는 것 같기도 합니다. 그래서 의사를 선발하는 방법에 대한 고민도 필요하다고 생각합니다. 특별한 정신이 필요한 직업이라고 주장하면서 지원자들의 자질을 좀 더 세밀히 들여다보지 않는 것은 문제가 있습니다."

문철 교수는 2010년 들어서 순천향대학교 대학원장까지 겸하게 되었다. 국내에서 소비되는 인조혈관의 20퍼센트를 혼자서 사용할 만큼 수많은 수술을 책임져야 하기 때문에 그 역할이 부담스러운 것도 사실이다. 그러나 그는 당면한 과제들이 보이는 만큼 순천향이 한 걸음이라도 앞으로 나아갈 수 있도록 최선을 다할 생각이다.

"우리 순천향은 병원도 그렇고 대학도 마찬가지인데, 특화하고 집중해야 합니다. 남들이 잘 하지 않는 것에 관심을 기울이고 투자해야 합니다. 그렇게 하는 것이 순천향 사람들의 사명이기도 하고, 또 길게 보면 경쟁력을 확보하는 길이기도 할 것입니다. 물론 일반대학원의 경우 인원을 늘리기 위한 투자도 지속해야 합니다."

순천향에 발을 들여놓은 지 꼭 30년이 지났다. 그동안 단 한 번도 순천향의 울타리를 벗어나지 않았다. 하나의 전문 분야를 집중해서 연구할 수 있었으니 나름대로 축복받은 삶이었다고 생각한다. 순천향에서의 남은 날들은 순천향 혈관센터에서 환자들이 '원스톱 서비스'를 받을 수 있도록 시스템을 완비하는 일에 몰두할 생각이다. 지금까지 연구한 것들을 틈틈이 정리해서 책도 펴낼 생각이다. 다시 한번 삶의 기회가 주어진다면 무슨 일을 하든 조금 여유 있는 삶을 살고 싶다고 한다. 그러나 이것저것 다 취할 수 있는 삶은 없다. 박사는 인생의 선배로서 후배들에게 당부한다.

"책도 보고 생각도 많이 하면서 지내는 것이 좋습니다. 그러나 만일 자기 분야에서 장인의 길을 가고자 하는 뜻이 분명하다면 어느 정도의 개인적 희생은 어쩔 수 없습니다. 삶은 선택의 연속입니다."

이민혁 _ 순천향대학교병원 외과 교수

'선진국형 질병'이라고 불리는 것들이 있다. 너무 많이 먹거나, 기름진 음식에 탐닉하다 보면 생기는 질병이다. 대개는 치료도 쉽지 않다. 우리나라에도 이미 이러한 질병들이 흔하다. 질병 분포로 보면 빠른 속도로 선진국 대열에 진입하고 있다. 순천향대학교 서울병원 외과 이민혁 교수의 전공인 유방암 역시 선진국형 질병의 하나다. 유감스럽게도 요즈음엔 젊은 유방암 환자들 보기도 그리 어렵지 않다. 유방암은 비만 인구 증가에 비례해 늘어난다. 이 때문에 이민혁 교수는 요즈음 눈코 뜰 새 없이 점점 더 바빠지고 있다. 의사로서 보람 있는 일이지만, 환자가 늘어나는 것은 좋은 일이 아니다. 그래서 이 교수는 기회가 있을 때마다 여성들에게 유방암을 피하고 싶거든 비만을 경계하고 음주와 흡연을 금하라고 충고한다. 아이를 낳거든 직접 젖을 먹여야 한다는 지적도 잊지 않는다.

이민혁 교수는 1983년부터 순천향병원 근무를 시작했다. 개원한 지 얼마 안 되는 순천향병원은 최신 시설과 의료진을 갖춘 당대 최고의 대학병원이었다. 당연히 순천향 의대에 대한 사회적 기대도 각별했다. 신생 의대에 몰려든 학생들의 학습 열기는 어느 대학보다도 뜨거웠다. 모두들 자부심이 드높았다. 설립자 서석조 박사의 명성과 의료철학에 공감하는 다양한 출신의 최고 의사들이 포진해 있다는 사실은 순천향만의 자랑이었다. 특히 이민혁 교수가 속해 있던 외과에는 자타가 공인하는 당대 최고의 외과의사 허경발 박사가 있었다. "그분의 의학적 노하우를 코앞에서 배울 수 있다는 것만 해도 엄청난 혜택이었죠." 이 교수는 그렇게 순천향병원의 역사를 만드는 과정에 참여했다.

당시 순천향의 젊은 의사들에게 서석조 박사는 의사 이상의 특별한 존재였다. 신참내기에 불과한 이민혁 교수로서는 쉽게 대면하기도 어려운 분이었다. 그랬기 때문에 더욱, 간혹 툭툭 던지듯 하시는 그분의 말씀은 특별한 의미를 지니고 있는 것으로 느껴졌다. 일을 시작한 첫 해의 송년회 자리였다. 거나하게 술이 오른 서 박사가 그에게 말했다. "이 교수, 좋은 의사가 되려면 말이야, 계속 공부를 해야 해. 미국에 다녀오게. 가서 선진국의 의료를 배워야 해. 가서 배우는데, 1년 가지고는 어림도 없어. 2년은 다녀와야지."

그날 이후 이민혁 교수는 본격적으로 해외 연수를 준비하기 시작했다. 서 박사의 말씀은 그에게는 거역하기 어려운 주문과 같은 힘을 지니고 있었다. 2년 뒤, 이 교수는 하버드 의대 병원 연수를 위해 미국행 비행기에 몸을 실었다. 물론 유방암 치료법을 제대로 익히는 것이 목표였다.

경제성장에 따라 생활이 윤택해지면서 발육상태가 양호해져 초경이 일찍 시작되고 폐경이 늦어지는 경향, 지방질 섭취가 증가하고 호르몬 치료가 빈번해지는 것 등이 모두 유방암 발병률을 높이는 원인이다. 현재 국내 유방암 환자 발생은 1996년 3,801명에서 2006년에 1만 1,275명으로 10여 년 사이 약 3배나 증가했을 정도로 급증하고 있다. 이민혁 박사는 국내 최초로 유방 모양을 보존한 채 암 부위만 절제하는 '유방보존술'에 대한 논문을 발표한 바 있으며, 유방암 환자의 약 70퍼센트 이상을 유방보존술이나 피부의 손상을 최소화하는 '피부 보존 유방 절제술 및 즉각 유방 복원술'로 치료하고 있다. 또한, 유방암의 유전인자 연구에도 매진하고 있다.

이민혁 교수가 유방암 분야에서 최고 권위자로 인정받고 있듯이, 병원에서 무엇보다 중요한 것은 의사의 역량이다. 병원을 찾은 환자가 요구하는 것은 해당 질병에 대해 전문적인 능력을 가진 의사이고, 환자의 고통을 능숙하게 관리해줄 수 있는 병원의 시스템이다. 이 교수는 순천향대학교병원의 미래에 대해 세 가지 목표를 제시한다.

"첫째, 특정 질병에 관해 최고의 능력을 가진 의사가 필요합니다." 이는 일찍이 서석조 박사도 강조하던 것으로, 병원 경영에도 특성화가 필요하다는 의미이다. 순천향병원이 잘할 수 있는 분야를 찾아, 그 분야 최고의 인력을 갖추어야 한다는 것이다.

"둘째, 선진의료 시스템 도입에 앞장서야 합니다." 치료 역량은 물론 병원 행정, 의료서비스 마인드, 설비에 이르기까지 선진 시스템으로 변화해야 한다. 30여 년이 지나며 순천향병원은 지속적인 발전을 이루어냈지만, 아직도 배워야 할 것이 많다. "지난날 서 박사님께서 제게 미국행을 권유하신 것도 결국 같은 이유였을 겁니다.”

마지막으로 이 교수가 강조한 것은 ‘남들이 기피하는 분야에 집중하라는 것’이었다. 이것은 대학병원의 본분이라고 그는 생각한다. 물론 기피 분야에 집중할 수 있다는 것은 결국 병원의 역량을 보여주는 첩경이기도 하다. 현재 순천향병원의 의사들은 이러한 측면에서 국내 어느 병원에도 뒤지지 않는 능력을 갖추고 있다.

이민혁 교수는 대한외과학회의 이사장직도 맡고 있다. 최근 절대 부족 현상을 보이고 있는 외과 전공의 문제를 해결하기 위해 동분서주하고 있다. 성과도 있었다. 그의 노력에 의해 외과 의료수가도 대폭 조정되었고, 전공의들에 대한 지원책도 마련되었다. 이러한 변화가 지속적으로 이어진다면 좋은 후배들이 뒤를 이어줄 것으로 확신하고 있다.

학회와 병원을 아우르며 역동적인 활약을 보여주고 있는 이민혁 교수는 지난 2009년, 순천향대병원이 처음 제정한 ‘올해의 순천향인’에 선정되기도 했다. 그에 대한 순천향 가족들의 사랑과 기대를 엿볼 수 있었던 계기였다. 그가 이끄는 순천향 유방클리닉은 이미 세계적 수준을 갖춘 것으로 평가되고 있다.

우극현 _ 순천향대학교 구미병원 산업의학과 교수

1973년, 경북 구미시에 공단이 조성되기 시작했다. 경제개발이 국가의 최우선 과제였던 시절이다. 삼성전자, LG전자 등 공장들이 들어서면서 구미에는 수많은 근로자들이 몰려들었다. 여기에 비례하여 산업재해도 발생했다. 그러나 근로자들의 건강을 체계적으로 돌볼 만한 마땅한 병원 하나가 없었다. 그러던 1979년, 순천향 구미병원이 문을 열었다. 비로소 근로자들이 믿고 찾아갈 만한 종합병원 시스템이 생긴 것이다. 당시를 기억하는 이들은 말한다. 아무도 가지 않으려는 그곳에 별다른 계산이나 사후보장책도 없이, 단지 병원이 필요할 것이라는 판단 하나로 큰 투자를 결정한 무모한 분이 바로 서석조 박사라고. 그러나 인간에게 무모함이 없다면 역사는 훨씬 더디게 전개될지도 모른다.

우극현 교수는 구미병원 산업의학과를 이끌어가고 있다. 경북대 의대를 졸업하고 군을 제대한 21년 전, 남택성 박사의 제안을 받고 고민했지만 결국 순천향에 몸을 담았고, 이후 일로매진하는 행운을 누릴 수 있었다. 예방의학 전문의로서 꼭 연구해보고 싶은 분야를 학문적으로 섭렵하면서 병원의 성장, 해당 분야의 성장까지 함께했으므로 더 이상 바랄 것이 없다고 생각한다.

“군을 제대하고 처음에는 지역사회 의료에 투신할 생각이었습니다. 공단은 조금 다른 상황이었기 때문에 망설였습니다. 그러나 결과적으로는 잘한 결정이었다고 생각합니다.”

산업의학과는 작업환경 측정, 근로자 건강검진과 보건관리, 그리고 종합건강검진을 책임진다. 한마디로 근로자들의 건강에 관한 모든 문제에 개입하는 것이다. 그러므로 회사의 의뢰가 있어야 일을 시작할 수 있다. 자칫 잘못하면 여러 가지 현실적 이유로 형식적 의료행위에 머물게 될 수도 있다. 그의 관심은 그렇게 되지 않도록 실효성 있는 프로그램을 개발하는 데까지 이르고 있다.

“우리 스태프들과 함께 모든 면에서 질적인 관리가 되도록 노력하고 있습니다. 직장에서 받는 건강검진에 대해 큰 기대를 하지 않는 경우가 많은데, 순천향 구미병원이 하면 그렇지 않더라는 믿음을 주고자 합니다.”

우 교수가 부임한 1989년, 구미병원의 의사 수는 30명이었다. 지금은 60명이다. 구미 경제가 성장하면서 함께 성장한 것이다. 병원 식구들은 공단 근로자들에게 꼭 필요한 의료서비스를 제공하고 있다는 자부심과 함께 그들로 해서 발전할 수 있었다는 고마움을 갖고 있다. 우 교수 역시 그런 마음으로 연구와 개발에 몰두한다. 특히, 산업의학 분야는 일본으로부터 배울 것이 많다. 일본은 우리보다 수십 년 앞서서 유사한 산업 발전의 과정을 겪었고, 근로자 건강관리의 다양한 노하우를 축적한 국가이다. 우 교수는 부임 초기에 진행한 ‘직업병 예방을 위한 한 · 일 5개년 사업’을 통해 많은 것을 배울 수 있었다고 회고한다.

"일본과의 교류는 지금도 활발하게 지속되고 있습니다. 최근에는 세계산업보건학회(ICO) 회장인 일본의 코기 박사와 함께 'PAOT(참여형개선활동기법)' 확산에 주력하고 있습니다. 올해 3월에는 전 세계에 7명밖에 없는 위원으로 위촉되기도 했고요. 앞으로 PAOT의 전도사 역할을 해볼 생각입니다. 정말 좋은 프로그램입니다."

PAOT란 전문가가 일방적으로 원리를 설명하고 해결책을 제시하는 통상적인 훈련방법이 아니라 참가 근로자에게 작업 개선의 원리를 설명해주고, 비슷한 수준의 다른 사업장에서 이미 활용하고 있는 좋은 사례를 보여줌으로써 능동적으로 자신의 해결책을 찾을 수 있도록 하는 훈련기법을 말한다.

우극현 박사는 기회가 있을 때마다 "근로자가 내 일처럼 일하는 회사는 망하지 않는다"는 소신을 강조하곤 한다. 경영자들도 이 점을 잊지 말아야 한다. 근로자들이 그렇게 느낄 수 있도록 하는 것은 일차적으로 경영자들의 책임이기 때문이다. 그런데 이러한 선순환의 관계를 만드는 데에 의료, 즉 병원의 역할은 필수적이다. 의료 문제에 대한 대책 없이 좋은 작업환경을 제공한다는 것은 불가능하다. 특히, 최근에는 소득 수준의 향상과 함께 고급 의료에 대한 요구도 함께 커지고 있다. 구미병원은 지금까지 지역사회와 돈독한 신뢰를 쌓으며 성장해왔다. 앞으로는 난치 질환에 대한 고급 진료(의료진 확충), 규모 확대 등을 통해 구미 지역의 확고한 중심 병원으로 발전해야 할 것이다.

"돌이켜보면 초기의 직업병 예방을 위한 한 · 일 교류사업, 한시법이었던 보험관리대행법을 유지시킨 일, 그리고 요즈음 힘을 쏟고 있는 PAOT 관련 일들로 바쁘게 보낸 세월이었습니다. 순천향과 함께 많은 일들을 한 것에 보람을 느끼고 만족합니다. 우리 순천향은 의료인이 되고자 하는 이들에게는 최적의 교육 인프라를 갖추고 있다고 생각합니다. 앞으로 좋은 후배들과의 만남을 기대하고 있습니다. 물론, 산업의학은 추천할 만한 분야입니다."

경상북도 구미시에는 순천향의 이름으로 8만 근로자들의 건강을 돌보고 있는 순천향 구미병원, 그리고 산업의학과 우극현 교수가 있다.

유백근 _ 다나산부인과 원장(순천향대학교 의과대학 1회 졸업)

"모교 캠퍼스를 방문할 때마다 1회 입학생으로 본 1978년의 캠퍼스를 떠올립니다. 언제나 감회가 새롭고 마음이 뿌듯합니다. 정말 많이 변했습니다. 물론 하루빨리 한 단계 더 발전해야 합니다. 그렇게 되도록 모두들 노력해야 합니다."

유백근 동문은 순천향의 장자다. 물론 1회 졸업생 모두가 순천향 가족에 있어서 장자인 셈이다. 따라서 순천향의 영광은 일차적으로는 그들의 것이다. 그러나 동시에 그들의 마음속에는 순천향이 가야 할 길에 대한 무거운 책임감이 있다. 새로운 후배들을 맞이할 때마다 그들에게 어떤 색깔의 비전을 제시해야 할지 고민도 한다. 부담스럽지만 행복한 고민이다.

"순천향은 이제 종합대학으로서 제 역할을 해야 합니다. 더 이상 미룰 일이 아니지요. 지역사회와도 다양한 경로를 활용, 더욱 단단히 결합해야 하고, 졸업생들의 진로 개척 또한 적극적으로 나서는 등 할 일이 참 많습니다."

순천향의 정신은 '인간사랑'의 정신이다. 무한경쟁 운운하는 삭막한 현실을 생각할 때 너무 따뜻해서 지나치게 나약하게 느껴지기도 한다. 그러나 그 따뜻함으로 세상을 품으라는 것이 설립자의 뜻일 뿐만 아니라 사실 그 이상 가는 '위력'이 어디 또 있겠는가.

"경쟁은 피할 수 없는 현실입니다. 순천향도 대학 사이의 경쟁 속에 있습니다. 그러나 가치의 수직화를 당연시하는 천박한 현실 앞에 마냥 굴복할 수는 없지요. 순천향인들은 따뜻한 가슴으로 그 강고한 틀을 깨야 합니다. 잊혀져 가는 다양성의 가치들을 되살리는 대학인들이 되어야 합니다."

후배들에 대한 1회 졸업생들의 마음은 그지없이 따뜻하다. 후배들아, 항상 맏형이 어딘가에 있음을, 지켜보고 있음을 기억하라!

오경환 _ 명소아과 원장(순천향대학교 의과대학 1회 졸업)

가장 공부 잘하는 학생들이 의대에 가는 것은 당연한 일일까? 우리 사회 현실은 그렇다. 그러나 의학계의 석학들은 고개를 가로젓는다. 그런 친구들은 순수학문 쪽으로 가야 한다는 것이다. 오경환 동문도 같은 생각이다. 의사가 될 사람은 실력은 물론 마음이 따뜻하고 인간을 이해할 줄 아는 사람이어야 한다는 것이다. 공부를 최상위로 잘하면서 그런 품성까지 지니기는 어렵다는 것일까? 아무래도 좀 그런 모양이다.

"의사에 대한 소비자들의 기대가 굉장히 높아졌습니다. 소비자로서의 우월한 지위를 깨달은 것이지요. 이제 의사가 치료능력만으로 평가받던 시대는 지나갔습니다. 치료능력이란 의사의 여러 요건 중 하나에 불과해요."

오 원장은 정성어린 진료와 환자의 이야기를 잘 들어주는 진료로 소문이 자자한 '인기 의사'다. 환자의 말에 귀를 기울이는 것이야 사실 당연한 태도일지도 모르지만 어디 현실이 그런가. 영문도 모른 채 의사한테 면박당해보지 않은 대한민국 사람이 몇 되겠는가. 오 원장은 단언한다. 앞으로 그런 의사는 망할 수밖에 없다고.

"의사들은 인간미를 갖추는 데 더 많이 투자해야 합니다. 그게 쓸데없는 일이 아닙니다. 환자의 호소를 이해할 수 없거나 귀찮아하는 의사가 되어서는 안 됩니다. 그렇기 때문에 후배들은 의학 공부 이상의 공부들을 해야만 해요."

순천향 초기 동문들은 이제 지역에 단단히 뿌리를 내리고 있다. 오 원장은 모교가 그들과 더 가까워질 필요가 있다고 본다. 서로의 관심사에 대해 깊이 있는 대화를 할 때가 되었다는 것이다. 오 원장은 요즘 동문들이 전보다 뜨거워진 모교 사랑을 표현할 길을 모색하고 있다고 말한다. 그렇다면 남은 일은 하나, 자연스러운 만남의 광장을 만드는 것이 아닐까. 건학 30년을 훌쩍 넘어선 순천향은 이제 적극적으로 자신의 모든 것을 드러낼 필요가 있다고 보는 것이다.

이주헌 _ CLB성형외과 원장(순천향대학교 의과대학 7회 졸업)

아프리카 에티오피아는 전 국민의 26퍼센트 정도가 AIDS 환자로 추정되고, 평균 소득도 연 200달러 정도에 불과한 최빈국이다. 제대로 된 의료시설이 있을 리 만무하다. 제1회 '자랑스런 순천향인'상을 수상한 이주헌 동문은 5년째 그곳 의료봉사활동에 참여하고 있다. 갈 때마다 1주일은 한인들이 설립한 병원에서, 그리고 1주일은 병원까지 찾아올 수도 없는 오지 환자들을 위해 천막을 치고 생활하며 환자들을 돌본다.

"주로 소아 기형을 치료하는데, 아쉽지만 매년 환자들을 미처 다 보지 못하고 돌아옵니다. 그 때문이기도 하고, 고생스럽지만 또 다음해가 되면 다시 짐을 꾸리게 됩니다. 앞으로도 그렇게 될 것 같습니다."

이 동문은 의사로서 현장에서 환자들을 대하며 때로 순천향 설립자 서석조 박사를 생각하게 된다고 말한다. 그의 기억 속에 서 박사는 말 그대로 환자 중심의 의료를 실천한 존경스러운 의사로 남아 있다.

"늘 그 정신을 놓치지 않기 위해 노력합니다. 의사는 환자를 위해 존재한다는 것이죠. 당연한 말이지만 실천하기는 쉽지 않은 것 같습니다."

순천향 출신의 의사로서 후배들에게 들려주고 싶은 이야기도 많다. "한 가지만 강조하자면 전공을 불문하고 순천향 정신은 '봉사'가 아닐까 하는 겁니다. 화려한 개념은 아니지만 이 사회에 반드시 있어야 할 가치라고 생각합니다. 우리 순천향대학교가 만들어진 이유, 현재의 사회적 위상, 앞으로 가야 할 길을 생각할 때 저는 우리 순천향인들이 그 화두를 놓치지 않기를 바랍니다. 그 안에서 할 일을 찾고, 또 개인적으로 평안을 누릴 수도 있을 겁니다."

한국 사회는 지금까지와는 차원이 다른 경쟁 체제로 돌입하는 듯하다. 순천향 역시 그 한가운데에 있다. 냉정한 경쟁은 피할 수 없는 현실이다. 그러나 시대가 아무리 변해도 삶은 언제나 온기를 필요로 하고, 누군가는 그 역할을 감당해야만 할 것이다. 이주헌 동문의 온화한 미소 속에서 순천향의 아름다운 가능성을 엿보게 된다.

맹주양 _ 순천향대학교 화학과 교수

없는 것만 바라보고 있다가는 아무것도 이룰 게 없다는 것이 많은 이들의 경험에서 나온 말이다. 없는 것을 욕망하다 보면 손안에 쥐고 있는 것조차 놓치기 십상이다. 맹주양 교수는 순천향대학과 순천향인들에게 지금 필요한 것은 '발상의 전환'이라고 힘주어 말한다. 이미 많은 것을 가지고 있는데 그 확인된 자산을 제대로 활용하고 있지 못하다고 생각하기 때문이다.

"우리 신입생들이 순천향에 대해 자긍심을 갖게 되기를 바랍니다. 순천향은 그 어느 대학보다 '공부 지속도'가 높은 대학입니다. 학생들이 대학생활 이외의 다른 문제로 시달릴 이유도 없습니다. 순천향의 자산이 무엇인지 진지하게 관심을 갖기를 바랍니다."

물론 맹 교수는 학교가 달라지기를 바라고 있다. 변화를 위해 교수들과 함께 여러 가지 노력도 기울였다. 행정 시스템도 하루빨리 개선해야 하고, 또 장기적으로는 캠퍼스가 좀더 문화적 향취를 담을 필요가 있다. 방향은 선명하다. 이제부터는 가진 것이 무엇인지 확인하고 그것을 최대한 활용하기 위해 순천향인 모두가 노력해야 하는 것이다. 따라서 변화는 먼 훗날이 아닌 지금 여기에서 시작해야 한다.

"순천향 캠퍼스에 발을 들여놓은 사람들은 모두 순천향의 오늘과 내일에 대해 책임감을 느껴야 합니다. 문제가 있으면 의견을 개진하고 변화시키기 위해 노력도 해야 합니다. 모두 우리들의 미래를 위한 당연한 실천입니다."

맹 교수는 서열화된 한국 대학의 현실은 입에 올리기조차 민망하다고 비판한다. 물론 순천향인들 각 개인 역시 그 구조 속에 있다. 그러나 대학 이후의 삶을 치열하게 살아간다면 왜곡된 교육구조로부터 얼마든지 자유로워질 수 있다고 보는 것이다. 그런 면에서 순천향이 정상적인 자기 계발의 토대가 될 만한 요건을 이미 갖추고 있음을 순천향인 스스로 깨닫는 것이 중요하다고 그는 다시 한번 강조한다. 발상을 전환하면 학교도 발전하고 그 안의 '나'도 변화할 수 있다.

안달 _ 순천향대학교 전기통신공학과 교수

2008년 세계인명사전에 등재되어 화제에 오르기도 한 안달 교수의 연구과제가 교과부 선정 신규과제로 채택되어 연간 1억 원씩 최장 3년 동안 연구지원금을 받게 되었다. 글로벌 연구네크워크 지원사업이란 해외 연구자들과의 네트워크 구축을 통해 국내 연구자들의 연구역량을 높이기 위해 추진되는 사업이다. 이번에 대학별로는 서울대가 5개 과제로 가장 많이 선정되었고, 순천향대를 포함하여 고려대, 서강대, 인하대, KAIST 등이 각각 1개 과제씩 선정되었다.

안달 교수의 연구과제는 2001년도에 세계전기진학회의 마이크로파분과 학회지에 제안한 결함기저면구조(Defected Ground Structure, DGS)에 대한 이론을 출발점으로 하여, 회로 크기를 소형화하기 위한 3차원 구조의 DGS를 연구하는 것을 목표로 하고 있다.

공동연구자로는 전기통신공학과의 임종식 교수와 한상민 교수가 참여하고, 외국의 연구자로는 중국의 East China Jiaotong University의 교수이자 부총장인 Haiwen Liu 교수가 참여한다. Liu교수는 중국에서 DGS 관련 박사학위를 최초로 받은 뛰어난

학자이다.

이번에 교과부에 제출된 연구과제는 총 294개인데 최종 선정된 15개 과제 중 하나로 우리 대학의 연구과제가 선정된 것은 뜻깊은 일이다. 안 교수는 기존에 발표한 DGS 관련 논문들 중 약 10편에 대한 피인용지수가 각각 50건이 넘고, 그 중 DGS를 처음 발표한 논문인 "A design of the low-pass filter using the novel microstrip defected ground structure"는 전기전자 분야에서 상위 0.1퍼센트 안에 드는 highly cited paper로 선정된 바 있다.

"특히 공동 연구자이신 임종식 교수와 한상민 교수의 연구업적이 중요한 역할을 했습니다. 또한, 그동안 수고해준 저희 연구실 출신의 졸업생들에게도 고마운 마음을 전합니다." 안달 교수는 이번 일은 달라진 순천향의 달라진 위상을 다시 한번 보여주는 사례일 것이라고 의미를 부여했다.

신현웅 _ 순천향대학교 해양생명공학과 교수

신현웅 교수는 순천향을 졸업한 뒤 웨스턴 일리노이 주립대에서 석사학위를 받았고, 다시 태평양을 건너 하와이 주립대에서 이학박사 학위를 받았다. 2000년 3월 모교 교수로 부임했다. 교정을 떠난 지 13년 만이었다. 그리고 또다시 10년 세월이 흘렀다. 그동안 정말 많은 것이 변했다. "캠퍼스도 변했고, 학생들의 개성도 변했습니다. 물론 우리 순천향은 앞으로 더 빨리 더 많이 변해야 할 대학입니다."

모든 동문들이 같은 마음이겠지만 모교의 현실 속에 몸담고 있는 신현웅 교수의 후배이자 제자들에 대한 애정과 책임감은 좀 더 구체적이다.

"요즘 대학생들이 실용적 가치에만 집착한다고 하는데, 사실은 '실용'을 근시안적으로 해석하고 있을 뿐입니다. 자기 자신에게 있어서 무엇이 진정한 '실용'인지 다시 생각해볼 필요가 있습니다." 그런 이유에서 신 교수는 이공계열의 후배들도 반드시 철학책을 읽어야 한다고 강조한다. 지식인이라면 어떤 공부를 하고 어떤 직업을 갖든 언젠가는 자신의 정체성을 생각하게 될 것이고, 그럴 때 인문적 반성력이 부족하다면 큰 갈등에 휩싸일 수도 있다고 보기 때문이다.

"대학은 자신의 인생을 백지에 재설계할 수 있는 좋은 기회입니다. 부모나 사회가 강요하는 고정관념에 맞설 필요도 있어요. 누가 대신 살아주는 것이 아니잖아요. 우리 후배들이 좀 더 용기를 내서 자신의 문제를 생각하기 바랍니다."

물론 시대가 시대인 만큼 2개 이상의 외국어 능력도 갖춰야 하고, IT 역량도 키워야 한다. 당장 확인할 수 있는 스펙도 필요한 것이 현실이다. 그러나 신 교수는 눈에 잘 띄지 않는 내면적인 스펙 쌓기를 게을리 한다면 어떤 조건을 갖추든 빛을 발하기는 어렵다고 본다. 대학 시절에 자신이 진정으로 원하는 것을 찾는 것도 빠트릴 수 없는 조건에 속한다. 때문에, 신현웅 교수는 오늘도 순천향 후배들이 바삐 움직일 것을 주문할 수밖에 없다. 모교의 성장과 발전은 그 자연스런 결과일 뿐이라고 생각한다.

진흙땅 입학식을 추억하며

박태남 순천향대학교 명예교수

내가 순천향과 처음 인연을 맺은 것은 1978년 2월 초였다. 순천향병원이 모체가 되어 순천향의과대학을 설립함으로써 개교에 앞서 교수요원을 초빙하게 되었던 것이다. 병원에서는 예과 2년 동안 강의를 맡을 교양과목 교수로 국어, 영어, 생물, 물리, 화학, 수학, 체육 과목을 담당할 교수를 먼저 선발하였는데 나는 국어과를 담당할 교수로 채용되었다.

나는 아직도 당시의 순천향의과대학 신입생 입학식을 잊을 수 없다. 신입생은 78명이었고 대학 건물은 현 교육관(당시는 2층)뿐이었으며, 운동장으로 쓸 수 있는 공간은 현 대학원 건물 앞의 광장이 전부였다. 따라서 신입생 입학식은 대학원 건물 앞의 작은 광장에서 거행되었는데 바닥은 포장이 되지 않아 진흙땅 그대로였다. 정문(지금의 후문)에서 입학식장에 이르는 길 또한 진흙길이어서 차를 타고 온 귀빈들 외에는 모두가 진흙을 밟아 신발이 엉망이 될 수밖에 없었다. 현재 의과대학 1회 졸업생들은 당시의 입학식 정경이 눈에 선하리라 생각된다. 아마 입학식에 참석한 학부모들이나 학생들은 의과대학에 입학했다는 기쁨보다는 황량한 주변 환경을 보고 과연 이곳에서 의학교육을 제대로 받을 수 있을까 걱정이 많았을 것이다.

개교 당시에는 시설이 정비되지 않아 불편한 일이 한두 가지가 아니었다. 가장 힘들었던 것은 교통 문제였다. 그때에는 온양에서 신창을 오갈 수 있는 방법은 시외버스나 택시를 이용하는 것이었는데, 시외버스는 1시간 간격이어서 한 번 놓치면 1시간 이상을 기다려야 했기 때문에 버스 시간 맞추는 것이 아주 힘들었다. 택시 이용은 온양에서 학교로 오는 것은 가능하였지만, 학교에서 나갈 때에는 지금처럼 콜택시나 휴대전화 등이 없던 시절이라 운수 좋게 지나가는 택시를 만나기 전에는 방법이 없었다.

막차 시간에 쫓기던 축제

개교 당시의 일을 회고하면서 가장 기억에 남는 것은 축제였다. 학생수 78명이 전부인데 학생들은 타 대학처럼 축제를 하겠다는 것이었다. 그래서 제1회 향록축전이란 이름으로 11월 8일에 체육대회를 가졌고, 11월 9일에는 향록가요제와 쌍쌍파티를 열었다. 78명으로 하게 된 축제였지만 참여 열기는 대단하여 거의 모든 학생이 참여하였다. 그런데 문제는 축제 시간을 저녁 8시 이전에 끝내야 하는 것이었다. 쌍쌍파티에 참여한 여학생들이 대부분 서울에서 왔기 때문에, 온양에서 출발하는 서울행 고속버스의 막차 시간인 9시까지 가기 위해서는 서두르지 않으면 안 되었던 것이다. 요즈음의 학생들이 이 글을 읽는다면 쓸데없는 걱정이라고 웃을지도 모르겠다.

축제를 서둘러 끝내고 나니 텅 빈 교정에 남은 사람은 몇몇 학생과 나뿐이었다. 온양 가는 시외버스는 끊어지고 길에서 마냥 지나가는 택시를 기다려야 했다. 한참을 기다려도 차는 오지 않아 그냥 걸어서 온양까지 갈까 하고 생각하던 차에, 오토바이 한 대가 내 곁에 멈추더니, 교수님, 불편하시더라도 타시겠습니까, 하는 것이다. 그래서 생전 처음으로 오토바이 뒤꽁무니에 앉아 온양까지 가게 되었다.

그때의 나의 직책이 교학감이었으니까 대학 역사에 교학감이 오토바이 뒤에 앉아 퇴근한 일은 전무후무한 기록이 아닐까 생각하면서 씁쓸한 미소를 짓지 않을 수 없다.

80명이 1만 2천 명으로

돌이켜보니 벌써 28년의 세월이 흘렀다. 이제 우리 순천향대학에서 개교 당시의 모습은 좀처럼 찾아볼 수가 없다. 특히 1991년에는 대학본부와 공과대학이 준공되었고 그해 말에 인문사회과학대학이 준공됨으로써 대학의 모습이 완전히 변모하였다. 1996년 8월에는 향설기념중앙도서관이 준공되어 그 아름다운 건물의 자태를 보여주었는데, 이 도서관은 우리나라의 저명한 건축가이신 승효상 선생이 심혈을 기울여 설계한 작품이어서 대학의 상징적 건물이 되었던 것이다. 타 대학의 도서관에서는 볼 수 없는 조형적 아름다움은 물론, 기능 면에서도 모든 업무를 전산화함으로써 이용자들에게 보다 빠르고 편리하게 정보를 제공할 수 있도록 하였다.

내가 순천향대학을 정년퇴임한 지 3년이 조금 지났는데 대학에 들러보니 그동안에 대학의 환경이 많이 변하여 깜짝 놀랐다. 금년 8월이면 1,000명을 수용할 수 있는 최신 시설의 기숙사가 완공된다고 하니 대학에서 내세운 수요자 중심 교육으로의 개혁을 그대로 보여주는 예라 생각되어 자랑스럽기 그지없다.

1개 학과 80명의 학생으로 출발한 순천향이 이제 1만 2천여 명을 수용하는 종합대학교로 성장하였다. 지금의 성장에 만족하지 말고 21세기 우리나라의 명문사립대학으로서 새로운 비전을 갖고 도약하는 모습을 보여주길 바란다.

순천향대학의 글로벌화

이춘세 _ 순천향대학교 금융경영학과 교수, 전 국제교육교류본부장

21세기 대학의 가장 큰 특성 중의 하나는 전 세계적으로 일고 있는 대학의 글로벌화이다. 학문 및 학생 교류뿐만 아니라 해외분교 설립 등 다양한 형태의 글로벌 전략은 이제 대학 발전의 수단을 넘어 반드시 추구해야 할 미래 목표가 되었다. 사실 그동안 대학의 글로벌 전략은 미국과 유럽의 대학, 특히 소수 명문대학에 국한된 것이었고 그 외의 대학은 그들의 흐름에 동조하거나 소극적인 방어를 하는 것이 전부였다. 그러나 이제는 그 양상이 많이 달라졌고 그 변화속도 역시 매우 빠르다. 최근 통계자료에 의하면 전 세계 국제학생 중에서 미국 출신자가 차지하는 몫이 1980년대에는 50퍼센트를 넘었지만 지금은 3분의 1에 불과하며 그 비율은 빠른 속도로 줄어들고 있다.

그런데 여기서 주목할 사실은 이러한 변화의 이면에는 대학 간의 전통적 학문 서열 변화뿐만 아니라 인터넷 혁명 이후 급속도로 증가한 다문화 이해에 대한 수요가 중요한 역할을 하고 있다는 것이다. 요즈음 전 세계의 대학들, 특히 선진국의 유수 대학들이 다문화에 대한 지식과 경험 없이는 세계를 상대로 일할 수 있는 진정한 글로벌 인재를 양성할

수 없다며 교과과정의 상당 부분을 글로벌화하고 재학 중에 최소한 한 학기는 해외에 가서 학점을 취득하라고 하는 사실만 보아도 다문화 이해의 중요성을 알 수 있다. 그리고 선진 유수 대학들이 지금 우리가 당면한 세계 빈곤, 전염병, 핵 확산, 지구 온난화 등 좀 더 포괄적인 문제 등에서 다문화에 대한 이해 없이는 결국 해결할 수 없다고 판단, 이와 관련된 수많은 연구를 수행하고 있는 사실 역시 그 중요성을 잘 나타내고 있다.

이러한 시대적 흐름을 인식한 선진 대학들의 글로벌 전략은 매우 단순 명료하다. 전통적인 학문 서열의 우위는 그대로 유지한 채 자신의 학생들로 하여금 다양한 해외문화를 직접 체험케 함으로써 실질적인 글로벌 인재를 양성하자는 것이다. 우리 대학도 이미 이러한 추세를 반영하여 세계적 명문대학으로 가기 위해 마련한 로드맵에 글로벌 전략이 매우 중요한 부분을 차지하고 있다. 지금 현재 우리 대학에 재학하고 있는 외국 학생은 600여 명이고 앞으로 2, 3년 내에 1,000명에 도달할 것으로 예상된다. 우리 대학이 교환학생으로 미국, 중국, 일본 등의 해외 대학에 파견한 숫자는 한 해에 150여 명에 이르며 특히 미국 대학들과 매 학기 50여 명, 즉 1년에 100여 명을 상호 교환하고 있는데 이것은 국내 최대 숫자이다. 또한 우리 대학만이 갖고 있는 글로벌 프로그램 중에 아시아 과정, 잉글리시 빌리지, 차이니스 빌리지 등은 국내뿐만 아니라 해외 대학들도 그 우수성을 인정하고 있다. 특히 아시아 과정은 우리나라 전반에 대한 수업을 단기가 아닌 한 학기 동안 영어로 진행하여 해외 학생에게 우리 문화를 소개하는 첨병 역할을 톡톡히 하고 있다. 이는 전 세계적으로 불고 있는 다문화 이해 물결에서 우리 대학이 선도적 리더 중에 하나라는 것을 여실히 보여주고 있는 것이다.

이러한 현재의 상황만을 보면 우리 대학의 글로벌 전략은 어느 정도 수준에 이르렀고 그동안 국내 대학평가에서 얻은 국제화 분야 상위권 성적이 이를 뒷받침하고 있다. 그러나 이러한 결과는 어디까지나 국내 대학 간의 일시적 비교우위성과 중국과 한국의 특수한 상황 때문이지 전 세계 대학생을 상대로 한 글로벌 전략의 관점에서 볼 때에는 여러 가지로 미흡하다. 따라서 이 시점에서 순천향이 진정한 글로벌 리더가 되기 위해서는 전통적 학문 서열의 랭킹을 향상시킴과 동시에 전 세계 대학생들에게 한국 문화 이해를 위한 메카가 되어야 한다. 글로벌 시대에 순천향의 목표는 국내가 아니고 지구촌 전체이다. 이를 위해 전 구성원이 협력하여 지혜를 모은다면 불가능한 것만은 아니다. 앞으로 전 세계 학생들이 순천향을 향해서 달려오고 지구촌 어느 곳을 가든 순천향 동문을 볼 수 있는 날을 기대해본다.

아산학의 필요성

김기승 _ 순천향대학교 인문과학대학 교수, 아산학연구소장

'위대한 아산, 위대한 시민'. 아산시가 몇 년 전부터 내세우고 있는 시정 구호이다. 이는 아산시민의 문화적 긍지와 자부심을 압축적으로 표현하고 있다. 나아가 아산시민이 소통과 화합을 통해 진취적이고 창조적인 역량을 갖추어 미래사회를 선도하겠다는 단합된 의지도 나타내고 있다. 구국의 영웅 이순신과 대통령 윤보선을 배출한 고장에 대한 시민의 자긍심이 이렇게 표출되는 일은 매우 자연스럽다.

아산시는 한반도 중심의 서쪽에 위치하여 바다가 내륙 깊숙이 들어와 있는 해안 지역으로 고대로부터 수로가 발달했다. 이에 일찍이 석기시대와 청동기시대부터 사람이 살았다. 삼국시대 초기에는 비류가 북에서 이곳으로 배를 타고 와서 비류백제라는 해상왕국을 건설했다고 전해진다. 고려와 조선 시대에는 삽교천과 곡교천에 조창이 설치되어 조운 체계가 발달되어 있었다. 수로교통의 편리로 물산이 풍부하고 양반 부호가 많이 살고 있어서 충청도에서도 가장 살기 좋은 고장으로 알려졌다. 중국과의 해상교통이 왕성했던 고려시대에는 아산만을 통해 문물교류가 활발해졌다. 중국 성씨로 고려에 귀화한 신창 맹씨나 아산

장씨와 같은 가문이 그 증거이다. 근대 이후에는 서양문물의 수용 창구 역할을 담당하게 되어 천주교와 기독교 등이 일찍부터 전래되어 개화사상이 싹트게 되었다.

아산은 역사적으로 제2의 서울이자 문화의 중심지였다. 고려시대 거란족 침입시 임금이 선장으로 피난했으며, 조선시대에는 온궁이 지어져 여섯 명의 임금이 한 달 이상 머물기도 했다. 임금이 머물 때는 과거가 시행되었고, 유력한 지역인사들에 대한 포상과 격려가 있었다. 그러기에 이곳 사람들은 서울과 다름없이 문화의 중심에 있다는 자긍심을 갖고 있었다. 이에 국가와 민족을 이끌어가는 걸출한 인물들이 수없이 배출되었다. 세종대의 명재상이요 청백리인 맹사성, 세계적인 과학자 장영실, 임진왜란 때 일본군을 격퇴한 민족의 영웅 이순신과 반란군을 진압하여 나라를 구한 충신 홍가신, 기호학파의 학풍을 진작시킨 이간과 임헌회, 개화사상가 윤치호, 근대의 의병장 곽한일과 독립운동가 이규풍 · 성달영, 민주화를 이끈 대통령 윤보선. 이러한 인물들은 '위대한 아산, 위대한 시민'이라는 구호가 역사적 사실성에 기반을 두고 있음을 증거하고 있다.

현대의 아산은 수십 년간 국내 최고의 온천관광 휴양지였다. 삼국시대부터 온천이 존재하여 조선시대에는 온궁이 지어졌다. 개화기 이후에는 현대식 호텔로 탈바꿈하여 오늘날에 이르고 있다. 일제시대에 현충사가 중건되고, 해방 후 현충사 성역화 작업이 진행되어 애국심을 교육하는 도량이 되었다. 산업화 시대를 맞이해서는 삼성전자와 현대자동차 등 세계 일류 기업들이 이곳에서 국가와 세계의 경제발전을 선도하고 있다. 여기서 만들어진 세계 최고의 제품은 전 세계로 수출되고 있다. 아산만 일대는 황해경제자유구역으로 지정되어 국가산업을 이끌고 있다. 뿐만 아니라 순천향대학교를 비롯한 여러 대학들이 자리잡아 수많은 인재를 배출하고 있다. 구국의 인재를 배출하는 유학교육이 진흥했던 고장의 역사적 전통이 아산의 대학교육에서 계승, 발전되고 있다. 아산시는 순천향대학교와 협력하여 지역의 국제화 교육을 선도함으로써 국제화 교육특구로 지정되었다. 현재 아산시는 산업과 경제, 교육과 문화 면에서 국제화를 선도하는 지역이 되었다. 지정학적 요인으로 수로교통의 편리함 덕분에 외래문물 수용에 개방적이었던 역사적 전통이 오늘날에도 형태는 바뀌었으나 면면히 계승되어 재현되고 있는 것이다.

한 인간이나 사회의 정체성은 현재의 시점에서 과거의 경험을 파악하고 이를 토대로 미래를 계획하는 가운데 확인된다. '위대한 아산, 위대한 시민'이라는 아산시의 자존적 자아 확인 작업도 마찬가지이다. 그런데 아산의 역사와 문화에 대한 학문적 연구는 매우 부족하다. 십수년 전 공주대학교 박물관에서 아산의 역사와 문화라는 책자가 간행된 이후 몇 편의 연구만이 단편적으로 발견될 뿐이다.

아산학 연구는 1999년 순천향대학교에서 이순신연구소가 설립되면서 시작되었다고 하겠다. 이순신연구소는 창립 이후 매년 학술회의를 개최하고 이순신 연구성과를 모아 학술지를 간행했다. 나아가 이순신 강좌와 캠프 등을 실시하여 이순신 정신을 청소년들에게 교육하였다. 이순신은 아산시의 상징적 인물이다. 아산시는 성웅 이순신 축제를 아산의 대표적인 문화축제로 개최한 지 오래되었다. 그러니 이순신을 중심하여 대학과 지방자치단체가 지역의 문화가치를 제고하는 데 힘을 합치게 된 셈이다. 이를 거울삼아 최근 순천향대학교 인문과학연구소에서는 아산시와 온양문화원의 지원을 받아 아산의 문화콘텐츠 개발을 위한 기초자료를 조사하였다. 그 결과 아산의 문화콘텐츠 개발의 필요성과 가능성을 확인하게 되었다.

이러한 때에 아산시장과 순천향대학교 총장이 협의하여 순천향대학교에 아산학 센터를 설립하기로 했다니 참으로 반가운 소식이 아닐 수 없다. 아산학 연구는 '위대한 아산, 위대한 시민'이라는 구호를 학문적으로 뒷받침하는 것은 물론 아산시의 문화가치를 발굴하거나 창출함으로써 아산시의 미래 비전을 제시해야 하는 과제를 안고 있다. 하루빨리 아산학 연구가 활성화되어 아산시의 정체성에 대한 학문적 체계화가 이루어지고, 이를 바탕으로 아산시의 멋진 미래가 활짝 펼쳐지기를 기대한다.

순천향병원과 의대 설립

1970년대

참된 병원과 의료인의 조건

순천향병원 개원

아산 신창벌에 심은 꿈

첫 번째 신입생을 맞이하며

위기를 넘고 넘어

1970년대

1977년 정부는 제4차 경제개발계획을 시작하며 사회복지제도의 일환으로 의료보험제도를 확대, 강화하여 국민소득이 증대하는 만큼 국민보건의 향상에도 의욕적으로 대처하겠다는 의지를 분명히 했다. 그러나 현실적으로 의료서비스는 질적으로나 양적으로나 미흡한 점이 많았다. 당시 우리나라 의사의 수는 인구 10만 명당 49.4명으로, 161.1명인 미국의 3분의 1, 128.2명인 일본의 2분의 1에도 미치지 못했다. 1980년대 이후 심각해질 의사 부족 사태에 대처하기 위해서는 의사 양성이 시급한 문제였다.

의료인력은 전문가 중에서도 특별한 전문가 집단이다. 따라서 그러한 인력을 양성하는 것은 하루아침에 되는 일이 아니다. 최소 8년 내지 10년이라는 긴 시간이 필요한 장기 프로젝트다. 그렇기 때문에 더 이상 늦춰져서는 안 되는 사안이었다. 서 박사는 근대화가 추진되면서 의료계에도 큰 변동이 오리라는 것을, 특히 의사 수급에 곤란이 오리라는 것을 예측하고 있었다. 그리하여 오래전부터 국민보건 증진을 위해 연구하는 병원, 최신 시설과 새로운 체제를 갖춘 현대적 종합병원을 건립하고자 하는 뜻을 세우고 있었던 것이다.

참된 병원과 의료인의 조건

서석조 박사는 미국에 있을 때부터 '멋있는 병원', '멋있는 의과대학'이라는 말을 버릇처럼 입에 올리곤 하였다. 순천향병원이 한남동에 처음 들어섰을 때 '멋있는 병원'이란 소리를 듣기는 했다. 당시 최첨단의 종합병원으로서 미디어에서 병원을 촬영할 일이 있으면 무조건 순천향병원을 찍어 갈 정도였으니까 말이다. 그러나 서 박사의 입버릇이 되어 있던 '멋있는 병원', '멋있는 의과대학'이란 그런 외양에 한정된 문제가 아니었다. 미국에서 인턴과 레지던트 과정을 밟으면서 몇 곳의 병원과 의대를 경험해본 그의 머릿속에는 환자 치료와 연구를 통한 의학 발전이라는 목표를 구현해낼 병원과 의료인의 이상이 차근차근 정립되어갔다.

기본은 간단했다. 진료든 연구든 환자 중심으로 생각한다는 것이었다. 서 박사는 의업에 몸을 담은 이후 수십 년간, 환자와 의사의 관계는 수평적이며 서로 존중해야 하는 관계라는 생각을 가슴에 품고 살아왔다.

보통의 경우, 질병의 고통에 신음하는 환자는 의사 앞에서 약자가 되기 마련이다. 의사가 지닌 전문적인 지식은 환자에게는 도통 이해할 수 없는 것이며, 의사가 어떤 처방을 내리든 환자는 그것에 이의를 제기할 수 없다. 환자 앞에 선 의사의 권력만큼 막강한 것도 없다. 이러한 힘의 우열관계 아래에서 의사와 환자의 관계가 평등해지기란 어렵다. 환자가 의사 앞에서 자기 주장을 내세우기도 힘들지만, 환자 앞에서 겸허하게 자세를 낮추고 환자의 말에 귀를 기울이는 의사도 보기 드물다.

최근에 와서야 일반인 중에도 의학지식을 갖춘 사람이 늘어나고 정보도 쉽게 검색해볼 수 있게 되면서 의사와 환자의 관계에도 변화가 오기 시작했다. 의사의 판단을 일방적으로 수용하기만 하는 것이 아니라 환자 스스로 치료 행위에 능동적으로 참여하고 결정하기 시작했다. 수십 년 전만 해도 상상할 수도 없던 일이다. 당시 의사의 권위란 지금과는 비교할 수 없을 정도로 불가침의 것이었다.

서 박사는 일찍부터 그러한 통념을 깨뜨렸다. 최근의 의료계에서 환자의 권리 보장이나 의사들의 자성을 촉구하는 분위기가 일어나고 있지만, 서 박사는 이미 30여 년 전에 환자와 의사 간의 올바른 관계를 정립하는 데 솔선수범하였다. 박사의 지인들은 한결같이 박사가 환자 앞에서 겸허했으며, 환자가 하는 말이라면 증상에 대한 설명뿐만 아니라 자질구레한 신변 이야기에까지 귀를 기울였다고 증언한다. 근무하는 병원을 옮길 때마다 수많은 환자를 몰고 다니는, 국내에서도 손꼽히는 최고의 명의가 환자 앞에서는 누구보다 겸손하고 친절했다. 이는, 의사는 질병이 치료될 수 있도록 그 과정을 안내하고 보조하는 사람이지 질병을 치료하는 사람이 아니라는 평소의 소신에서 나온 자연스러운 행동이었다. 그는 찾아오는 환자들 앞에서 의사이기 전에 그들의 고통과 근심을 함께하는 벗으로 남기를 바랐다.

환자는 의사가 존재할 수 있는 이유이다. 즉 의사가 존재하는 건 환자를 치료하기 위해서다. 그리고 환자를 치료하기 위해 가장 먼저 해야 할 일은 환자를 존중하는 것이다. 의사의 권위는 환자가 그 치료방침에 동의할 때 생기는 것이고, 환자의 동의는 의사와 환자 사이의 신뢰를 전제로 한다. 그리고 의사와 환자 사이의 신뢰는 서로 간의 존중에서 싹트는 것이다. 그러려면 의사와 환자의 관계는 서로 평등하고 수평적인 것이어야 한다. 서 박사는 환자 중심으로 생각하는 겸손한 자세로 그러한 관계를 정립하기 시작했다. 환자를 먼저 생각하는 병원, 환자를 먼저 생각하는 의료인, 그것이야말로 서 박사가 품은 이상이었다. 설립에 필요한 외부적인 조건들도 많았지만, 서 박사가 무엇보다도 중요한 조건으로 생각한 것은 바로 이것이었다.

이러한 환자중심주의가 순천향병원의 기본 정신이 되었고, 더 나아가 대학의 건학이념인 '인간사랑'으로 발전한 것이다. 어찌 보면 너무나 평범하고 진부한, 그러나 그렇기 때문에 오히려 진리일 수밖에 없다.

순천향병원 개원

고려병원에서 원하던 바를 이루지 못하리라는 판단이 서자, 마침내 서 박사는 꿈꾸던 홀로서기를 시작했다. 물론 전에도 중부경찰서 골목 안쪽에서 동은병원을 개업한 바 있었지만, 그가 품었던 이상을 실현하기 위한 본격적 행보는 순천향병원으로부터 시작되었다.

순천향병원이 들어서기 전 한남동은 서울 변두리 작은 동네에 불과했다. 강변에는 우거진 갈대밭뿐이었고, 그 사이사이로 띄엄띄엄 인가가 보였다. 여름에 홍수라도 나면 물이 역류해 마당까지 들어찼고, 겨울이면 뼛속까지 시린 삭풍이 휘몰아쳤다. 여러 장소를 물색하다가 최적지로 낙점한 곳이 이 상습 침수지역이라니, 서 박사의 안목은 다른 사람들 관점에서는 희한한 것이었다. 당시 이 땅은 총무처 소유였는데 처분하려고 해도 원매자가 나서지 않는 곳이라, 배수시설을 정비해주고 공중으로 지나가는 고압선을 지하로 돌려주고 땅값도 장기분할로 해주는 등의 유리한 조건으로 불하받을 수 있었다. 이곳에 첫삽을 뜬 것이 1972년이다.

1974년 완공된 거대한 건물에 걸린 간판은 '순천향병원'이었다. "천리(天理)에 따르는 것이 인간이 살아가는 순리"라는 박사의 좌우명, 그리고 "질병은 하늘이 고치는 것이고 의사는 그 과정을 도울 뿐"이라는 평소 의학철학을 반영한 이름이었다.

'순천향'이라는 이름 때문에 벌어지는 에피소드도 적지 않다. 순천에서 올라온 촌로가 병원을 찾아와 반갑게 인사를 하며 "당

순천향병원 개원식에 참석한 허경발, 김학현, 민광식, 서석조, 유훈 박사(왼쪽부터)

신네들 고향이 순천 어느 마을이냐?"라고 물었다거나, 한남동 오거리 버스 정류장에 내린 할머니가 "이 부근에 새로 생긴 성춘향 병원이 어디냐?"고 물었다는 이야기는 개원 초기에 벌어진 해프닝이지만, 지금도 인터넷 포털 지식 사이트 같은 곳에는 순천향대학교가 순천에 있느냐는 질문이 종종 올라온다.

지하 2층, 지상 8층, 옥탑 2층의 연건평 3,300평, 병상 수 250개의 병원은 당시의 기준으로 큰 규모였고, 장비 및 시설 면에서도 최첨단이었다. 의료진 역시 서석조 박사를 위시하여 당대 최고의 실력 있는 분들이 총집합해 있어서 의료계뿐만 아니라 일반인들 사이에서도 화제가 되었다. 일반외과 민광식, 정형외과 김학현, 산부인과 유훈, 간·담도 질환의 대가인 외과 허경발, 대통령 주치의 민병석…… 5월 6일에 임시로 개원하고, 김학현 박사를 원장으로, 유훈 박사를 부원장으로 하여 한국 의료사에 한 획을 남긴 첫 번째 진료를 시작했다. 정식 개원식은 7월 6일에 거행했다. 이날 KBS 저녁뉴스에 "우리나라 최고의 의료진과 시설을 자랑하는 병원"으로 소개되기도 했다.

1979년에 구미에, 1982년에 천안에, 1984년에 음성에, 2001년에 부천에도 연이어 병원을 열었다. 수도권이 아닌 지방에 병원을 세운 것은 보건 혜택에서 소외되어 있는 의료 사각지대 구석구석까지 인술의 손길을 뻗기 위해서다. 구미는 공단이 밀집해 있어 인구는 많으나 변변한 의료시설이 없어 주민들이 불편을 겪는 지역이었고, 천안은 농촌지역으로 의료 취약지구 중 한 곳이었다. 천안병원으로는 나중에 순천향대학의 의학부가 옮겨가기도 했다. 개원 당시 천안병원은 천안 시내에서 처음으로 엘리베이터가 설치된 최신식 고층건물이었다. 평생 본 적이 없을 정도로 깨끗한 바닥이 부담스러웠을까, 시골에서 온 노인들이 신발을 벗고 출입하는 해프닝도 벌어졌다.

서 박사는 지역에 뿌리내린 병원의 경영이라는 화두를 지니고 있었다. 본래 그가 이상으로 삼은 것은 메이오 클리닉이다. 메이오 클리닉은 미국의 미네소타주 로체스터에 자리한 사립병원으로, 1889년에 성 프란체스코 수녀회가 메이오 일가(一家)를 초빙하여 개설한 세인트메리병원을 모태로 하고 있다. 토네이도로 막대한 피해를 입은 로체스터에 의사 메이오가 잠시 머무르며 이재민을 보살피고 환자들을 치료했는데, 수녀들이 그에게 아예 병원을 세우고 정착해달라고 간청한 것이다. 메이오 클리닉은 처음에는 외과병원으로 세워졌으나 점점 확장되어 대규모 종합병원이 되었다. 100여 년의 역사를 거쳐 지금은 미국의 최우수 병원 랭킹에서 상위권에 올라 있다. 〈2006년 미국 최우수 병원(News Best Hospital 2006)〉에 따르면 소화기 부문 1위, 순환기 부문 1위, 뇌신경계 부문 1위, 정형외과 부문 1위, 심장외과 부문 2위, 신장계 부문 2위, 산부인과 부문 3위에 랭크되었다. 지방의 중소도시에 불과했던 로체스터는 메이오 클리닉 덕분에 의료산업의 중심지로 성장했다. 세계 최고의 의료진이 모여들어 최첨단 병원이 세워졌으니 자연히 병원을 찾는 사람들이 많아졌고, 그에 따라 호텔이 세워지고 도로가 개설되고 급기야는 국제공항까지 생겼다. 의료 관련 사업에서 시작하여 각종 공업도 발달했다.

이 메이오 클리닉이 서 박사의 지상 목표가 되었다. 서 박사가 천안, 구미, 음성 등 발전에서 소외된 지역에 굳이 병원을 연달아 세운 것은 순천향병원이 한국의 메이오 클리닉으로서 주도적인 역할을 하는 가운데 병원, 대학, 지역이 동반 발전하는 모습을 보고 싶어서였다.

또한 순천향병원의 특징은 학연이나 파벌을 지양한다는 것이었다. 서 박사 본인이 세브란스병원에 재직할 당시, 박사보다 늦게 해외유학에서 돌아와 복귀한 연세대학교 출신 교수들에 의해 동문이 아니라는 이유로 은근히 소외를 당하는 경우가 종종 있었다. 일본과 미국에서 의학을 공부한 그에게 국내에서의 학연이 없는 건 당연한 일이었다. 실력으로는 누구에게도 뒤지지 않았으나 파벌 짜기에서 배제된 것이다. 세브란스에서 5년 만에 가톨릭의대로 옮기게 된 데에도 그 파벌로 인한 알력의 영향이 컸다. 때문에 순천향병원을 열면서 서 박사는 출신 대학이나 파벌을 따지지 않고 오직 실력만을 보고 의사를 뽑았다.

아산 신창벌에 심은 꿈

물론 종합병원이 서 박사의 꿈의 종착역은 아니었다. 1968년 고려병원으로 옮길 때에도 그랬듯, 서 박사의 목표는 사회에 필요한 의료 인재를 배출해내는 의과대학을 세우는 것이었다. 그리하여 병원을 개원한 지 이틀 만인 1974년 7월 8일, 학교법인 동은학원 설립을 위한 창립총회를 개최하고 대학을 건립하기 위한 준비를 시작했다. 순천향병원은 개원한 해 10월에 보건사회부로부터 수련병원으로 지정을 받아, 1975년에 인턴 16명, 1976년에 전공의 10명을 모집하여 전문의 수련교육을 하고는 있었지만, 체계적인 의료인재를 배출하겠다는 박사의 욕심은 그 정도만으로 채워지지 않았다. 학부 과정부터 제대로 교육할 수 있는 의과대학이 필요했다.

> "의사로서 종합병원 하나쯤은 해봐야겠다 싶어 시작하였더니 진료에 시달리기만 했지 연구 분위기가 조성되지 않더군요. 의과학이라는 것이 쉬지 않고 공부해야 되는 것인데 병원만 가지고는 학문하는 풍토를 만들 수 없어요."
>
> | 〈의학신보〉 1978년 3월 9일자

처음부터 서 박사는 수도권에 대학을 세우려 하지 않았다. 1970년대, 서울이라 해서 의료서비스가 완벽하게 이루어지는 것은 아니었지만 그래도 지방보다는 월등히 사정이 낫다. 1977년에 이미 순천향병원은 의료 사각지대 중 한 곳인 충남 서산에 보건의료사업소를 개원하여 지역주민의 건강을 보살피고 있었다. 그러한 지역사회 봉사정신의 일환으로 서 박사는 비수도권에 대학의 입지를 정하고자 한 것이다. 우리나라 보건서비스의 지역간 불균형 문제를 시급히 해결해야 할 과제로 여겼기 때문이었다. 가뜩이나 절대수에서 부족한 의료인력이 서울과 부산에 전체의 60퍼센트 이상 집중되어 있으니 농어촌의 보건서비스가 갈수록 취약해지는 건 당연한 결과였다. 이와 같은 불균형을 해소하기 위해 서 박사는 서울이 아닌 지방에 의과대학이 많이 생겨야 한다고 생각했다.

당시에는 지방 국립대학교의 의과대학에서 지방의 의료인력을 대부분 공급하고 있었다. 예를 들면 전남의대 출신의 47.7퍼센트가 호남 지역에서, 경북의대 출신의 73.2퍼센트가 영남 지역에서 의료업에 종사하는 식이었다. 따라서 의과대학을 지방에 설립한다는 것은 지방의 의료 수준 향상에 직접적으로 도움이 되는 일이었다. 또한 인구의 분산과 국토의 균형 개발이라는 거시적 정책목표에도 부합하였다.

다각도로 검토한 결과, 우선 그 당시 도내에 의과대학이 없던 충청북도 청주가 우선적으로 고려되었다. 충청도는 전국 아홉 개 시도 중 인구 10만 명당 의사 수 14.7명으로 최하위인 곳이었다.

그러나 국립대학인 충북대학교에 의과대학이 생기기를 바라는 지역 여론을 고려하여 이 지역은 제외되었다.

그 다음으로 물망에 오른 곳이 역시 심각한 의료 취약지역 중의 하나인 충남 서북부 지역이었다. 천안과 장항을 잇는 21번 국도가 충청남도 전체 15군 중 11개 군을 아우르며 통과하는 지역이라, 장기적으로 볼 때 중부지역 교통의 요지로 각광받을 것이라 예상되었다. 이곳에 대학을 세우면 서울의 순천향병원과 서산의 보건의료사업소, 당시는 아직 개원 준비 중이었던 구미병원·천안병원 등과 연계하여 광역 의료 네트워크를 조직할 수도 있다는 판단도 나왔다.

처음 대지 매입계약을 한 곳은 지금 대학이 위치하고 있는 큰길 건너편의 읍내리 산 63-3번지였다. 당시엔 상수리나무 숲으로

개교 당시 황량하기만 했던 학교 주변 풍경

뒤덮여 있던 임야 5천 평을 1977년 초에 계약했으나, 나중에 생각해보니 대학 부지로서는 너무 협소한 데다가 주변에는 앞으로 확장할 수 있는 여지도 없어 결국 포기했다. 일단은 의과대학을 세우는 것이 목전의 계획이었지만, 언젠가는 종합대학으로 전환하겠다는 장기적인 비전도 품고 있었기 때문에, 부지는 좀 더 넓은 편이 좋겠다고 생각했다. 이런 시행착오를 거쳐 장소를 약간 옮겨 처음보다 훨씬 넓은 부지 2만 5천 평을 매입했다.

지금 대학이 자리 잡고 있는 신창벌은 당시 주변을 아무리 둘러봐도 과수원과 목장, 초지, 밭뙈기 정도밖에 눈에 들어오지 않는 허허벌판이었다. 이곳에 대학을 세우면 학생들이 오기나 할지 암담해질 지경이었다. 그러나 서 박사의 눈앞에는 황량한 들판이 아니라 젊은 학생들의 패기와 열정으로 가득한 캠퍼스가 선명하기만 했다. 그 비전을 좇아 1977년 9월, 드디어 역사적인 착공에 들어갔다.

가을에 공사를 시작했기 때문에 다음해 입학에 맞추려면 겨울에도 쉬지 않고 공사를 강행할 수밖에 없었다. 엄동설한에 공사를 하려다 보니 어려운 점이 한두 가지가 아니었다. 시멘트가 잘 마르지 않아 미장공사가 늦어지기 일쑤였고, 기껏 발라놓은 게 얼어서 못 쓰게 될까 봐 공사 중인 건물 전체를 빙 둘러서 기둥을 세우고 비닐을 덮어씌워 바람을 막았다. 그 안에 연탄난로를 군데군데 피워놓은 채 겨우겨우 공사를 진행했다. 그렇게 했어도 3월 2일 개강 예정일에 맞추지 못해 2주일이나 넘긴 3월 15일에야 비로소 첫 강의를 시작할 수 있었다.

첫 번째 신입생을 맞이하며

이렇게 열악한 조건에서 첫 번째 신입생을 맞아들여 입학식을 치렀지만, 해결해야 할 문제는 산적해 있었고 앞날은 막막하기만 했다. 비닐이 둘러쳐진 강의실에서 수업을 해야 하는 학생들도 암담하고 복잡한 심경이었을 것이다. 신입생은 78명, 전임교수가 6명(학장과 부학장을 포함하여 8명), 직원 10명. 이 조촐한 식구가 험난한 여정을 함께하며 아무것도 없는 맨땅에서 새 역사를 일구어 나가기 시작했다.

78명의 신입생을 학교 인근 저수지로 데리고 가서 교수들이 직접 신입생 환영회를 열어주었다. 오늘날 대학가에서 대규모로 벌어지는 신입생 오리엔테이션 행사에 비하면 소박하다는 말도 무색한 자리였지만, 순천향대학교의 역사에서는 가장 중요한 순간이었다. 학장인 서석조 박사에게도, 교수들에게도, 학생들에게도 출발의 초라함과 앞으로 꾸역꾸역 닥쳐올 위기와 도전에 좌절하

순천향의과대학
첫 입학식(1978)

지 않겠다는 각오를 다지는 자리였던 것이다.

그러므로 건물이 하나밖에 안 된다든지, 인원이 부족하다든지, 먼저 시행착오를 겪으며 신입생들에게 든든한 길잡이가 되어줄 선배가 없다든지 하는 것은 아무 문제가 되지 않았다. 그날 서 박사는 즐겨 부르는 노래를 뽑았고 박설리 산을 기울이며 학생들과 허물없이 어우러졌다.

때로는 텍스트로 남은 기록보다 한 컷의 이미지가 더 많은 역사를 이야기해준다. 2008년 건학30주년을 앞두고 과거의 기록물들을 발굴하는 과정에서 귀중한 사진 한 장이 입수되었다. 첫 번째 신입생 환영회의 날, 향설 서석조 박사가 홀로 저수지 기슭에 앉아 하염없이 물을 바라보는 뒷모습을 담은 사진이었다. 춘래불사춘(春來不似春)이랄까, 황량한 산야에 미처 봄빛은 깃들지 않았지만 가볍게 출렁이는 물결을 배경으로 한 서 박사의 뒷모습은 사진

상으로는 보이지 않는 그의 시선 속에 아직 오지 않은 봄을 꿈꾸고 있음을 짐작케 한다. 그 시선이 어떤 미래를 바라보고 있을지 누구라도 능히 가늠할 수 있을 만큼.

서 박사의 포부는 장차 지역에 뿌리를 내리고 봉사할 인재를 키우고 싶다는 것이었다. 비단 의료인의 양성에만 한정되지 않았다. 순천향 의과대학에서 그치지 않고, 앞으로 종합대학으로 키워 현재 대학 건물을 세운 산을 넘어 남쪽에 있는 창암리 구릉지대까지 캠퍼스를 확대할 계획이었다. 그리하여 그해 식목일에는 장차 캠퍼스가 될 그 구릉에 전교생, 그래봤자 여전히 78명이지만 모두들 함께 가서 나무를 심었다.

신생 대학에 학생 수가 적으니 좋은 점도 있었다. 기초의학 각 교실에는 전체 학생들의 사진이 연락처와 함께 붙어 있어서 유사시 바로 연락할 수 있었다. 새벽까지 공부를 하다가 깜박 잠이 든 학생이 시험시간이 되어도 나타나지 않으면 하숙집으로 달려가 깨워서 데려오기도 했다. 전교생이 78명밖에 되지 않는 학교이기 때문에 볼 수 있는 흐뭇한 풍경이었다.

위기를 넘고 넘어

그렇게 시작한 순천향은 이제 30여 년이 흘러, 처음 문을 열었을 때와는 비교도 할 수 없을 만큼 양적으로도, 질적으로도 성장했다. 물론 순천향의 오늘을 이루기까지의 과정이 순탄하지만은 않았다. 건학 당시의 난관은 말할 것도 없지만, 대학이 궤도를 타기 시작한 뒤에도 순조로운 항해를 약속받지는 못했다. 우선 의과대학에서 확장하여 다른 학부를 개설하는 것부터 쉬운 일이 아니었다.

보통 대학들은 경제적 부담이 적은 인문사회계열의 학부를 먼저 개설하고, 그때그때 형편을 고려하며 이학, 공학, 의학 계열의 학부를 증설한다. 그런데 순천향대학은 가장 어렵고 힘들다는 의과대학부터 먼저 시작했고, 그 다음으로는 자연과학대학을 만들었다. 의학부나 자연과학부에는 값비싼 연구 기자재와 설비 들이 필요하다. 신생 대학으로서는 비용 부담이 클 수밖에 없다.

원래는 의학대학을 개교한 뒤 의학기술초급대학을 신설하려 했다. 그런데 준비를 하려고 보니 재학생이라고는 의예과 1학년밖에 없는 상황에서는 초급대학을 만들기가 곤란했다. 의학기술초급대학에서는 2년의 재학기간 동안 의대생들이 6년간 배우고 익힐 기기들을 모두 접해봐야 하기 때문이다. 대신 자연과학대학을 만들면 의학대학과 서로 지원하면서 발전시킬 수 있을 것이라 판단되었다. 그래서 의학대학 다음으로 자연과학대학을 신설한 것이다. 이렇듯 순천향의 발전단계 설정에는 경제적 이유보다 늘 교육적 이유가 더 크게 작용하고 있었다.

그리하여 의학대학과 의학기술초급대학으로 의료 분야에 특화된 인재를 집중 양성하려는 계획은 일단 접었으나, 순천향대학교가 후일 종합대학으로 성장하게 되는 발판을 마련할 수 있었다. 자연과학부에 신설할 학과를 정하는 데에도 서 박사는 선견지명을 보였다. 우리나라에서 꼭 필요한 분야를 교육해야 한다고 강조한 것이다. 우리나라는 삼면이 바다이고 국토가 좁으니 해양과 토양을 이용할 수 있는 생물학 교육과 연구가 중요하다는 것이 서 박사의 의견이었다. 그래서 물리학과, 화학과와 함께 생물학과가 신설되었다.

해마다 전공을 늘려가며 조금씩 확장해가던 1984년경, 병원과 대학의 건축을 도맡고 있던 자회사 유일건설의 방만한 운영으로 인해 병원에까지 위기가 닥쳐왔다. 교직원들 사이에서는 병원과 대학이 한화그룹으로 넘어갈 거라는 소문이 나돌았다. 그 무렵 중앙대학교 역시 부도가 나서 재단이 넘어갔으므로, 소문은 점점 신빙성을 얻어갔다.

결국은 서석조 박사도 경영난에 지친 나머지 병원을 매각해야겠다는 생각을 하게 되었다. 실제로 기업인수 실무자들이 재무구조를 분석하기 위해 찾아오기까지 했다. 그런데 당시 한화그룹에서는 병원과 의과대학만 인수하겠다며 다른 학부의 인수를 거부했다. 일이 이렇게 되어가니 학교 관계자들 사이에서는 불안이 감돌았다. 대학은 두 쪽이 나게 생겼고, 직원들도 일자리를 잃게 될지 모르는 심각한 상황이었다.

서석조 박사는 의과대학으로 건학을 시작했지만 그 외의 일반학과도 차례차례 개설하면서, 다른 대학들은 인기가 없다며 포기한 학과도 미래를 내다보고 개설해야 한다고 주장했던 분이다. 아무리 이윤을 내는 것이 최고의 목적인 기업이라지만 알짜배기만 가져가겠다는 제안을 그로서는 도저히 받아들일 수 없었다. 결국

인수협상은 결렬되었고, 서 박사는 매각을 포기하면서까지 어렵사리 순천향을 지켜냈다.

순천향대학교

다시, 순천향을 생각한다

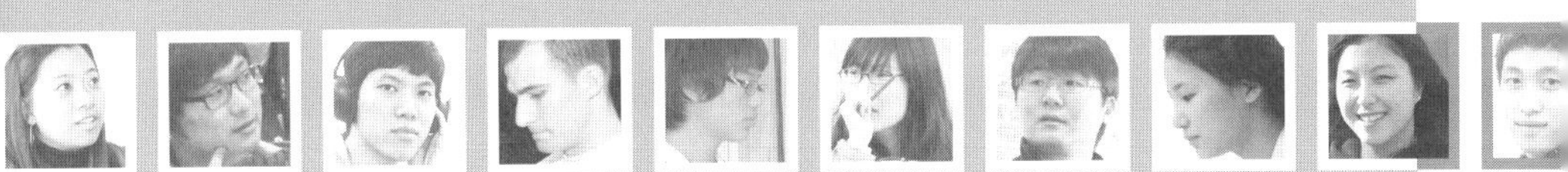

1. 순천향의 어제와 오늘 그리고 내일
2. 순천향정신이 소중한 이유
3. 순천향대학교는 지금
4. 순천향대학교병원의 새로운 도전

순천향의 어제와 오늘 그리고 내일

— 제4, 5대 서교일 총장 관련 기사

'글로컬 명문'의 비전을 다지는 순천향대학교 / 월간중앙

서교일 이사장 인터뷰 / 한국대학신문

'글로컬 명문'의 비전을 다지는 순천향대학교

월간중앙 2008년 4월호
순천향대학교 건학30주년 기획특집

하늘의 뜻을 받드는 고향(順天鄕). 우리나라 신경내과학의 선구자 향설(鄕雪) 서석조(1999년 작고) 박사가 '인간사랑'의 건학이념으로 '최고 인재를 길러 세상에 봉사하겠다'며 세운 순천향대학교가 건학30주년을 맞았다.

1978년 1월, 충남 아산군 신창면 한 귀퉁이 야산 기슭의 아담한 양옥 한 채에서 80여 명의 학생이 공부를 시작한 이 학교의 출발은 미미했다. 그러나 그로부터 꼭 30년이 지난 오늘 순천향대학교가 보여주는 발전상은 한마디로 놀랍다.

우선 대학본부를 중심으로 30여만 평의 대지에 들어선 30동(棟)의 건물군이 거대한 순천향타운을 형성했다. 쾌적한 신도시 같은 그 안에서 학부생 1만 2천여 명과 대학원생 1천여 명, 교수와 교직원 1천 명을 포함해 모두 1만 4천여 명의 '순천향 가족'이 생활한다. 서울 · 인천 · 부천 · 안양 · 수원에서 학교를 오가는 버스가 줄지어 이들을 실어 나른다. KTX를 타면 서울역에서 딱 36분 거리다. 곧 학교 후문 앞에는 서울을 출발해 수도권을 관통하는 전철역이 들어선다.

서교일 이사장(제4, 5대 총장)

도서관이 최첨단 문화지식공간으로

개교 당시 의학과뿐이던 교육과정은 이제 6개 단과대학에 49개 전공으로 늘어났다. 학생들 중에는 이 학교가 자매결연한 51개 해외대학에서 건너온 100여 명의 영어권 학생과 이웃 중국에서 유학온 400여 명도 포함돼 있다.

서울 · 부천 · 천안 · 구미 등 4개 도시에는 대규모 종합병원인 순천향대병원이 외곽의 버팀목처럼 대학을 받치고 있다. 그동안 이 학교가 배출해낸 졸업생도 이제 3만 3천여 명을 헤아린다.

그러나 순천향대가 갈수록 세상으로부터 주목받는 이유는 단지 이 같은 외형(外形)의 달라짐 때문만이 아니다. 급변하는 세상을 따라 대학이 어떻게 바뀌어야 하는가, 순천향대가 걸어왔고 추진하는 변화의 내용들이 두드러지기 때문이다.

한마디로 순천향대의 건학정신인 '인간사랑'을 놓치지 않으면서도 지속적인 변화의 실천을 통해 자신만의 새로운 '명문학풍'을 정착시켜 나가고 있다. 누구를, 어떻게 사랑하며 어떻게 변화를 이뤄가는가?

무엇보다 먼저 순천향대는 대학의 한 주체이자 최대 수요자인 학생을 먼저 생각한다. 크게는 학생들의 진로와 미래를 염두에 둔 교육과정에서 작게는 화장실 인테리어에 이르기까지 순천향대의 세심함은 놀랍다. 그 대표적인 것이 이 학교만의 자랑인 아너스 프로그램. 학년별로 학과(전공) 성적과 토익 성적이 일정 기준 이상인 학생을 선발해 집중교육을 실시하는 인재양성 훈련이다.

선발된 학생들에게는 각기 자신의 장래희망에 따라 공직자 트랙, 대기업 트랙, 의치학전문대학원 트랙, 해외유학 트랙, 로스쿨 트랙 등 5개 분야의 집중교육을 받을 기회가 주어진다. 학교 측은 이들에게 아너스 장학금을 지불하는 것은 물론, 해외 어학연수를 포함한 영어교육과 기숙사 우선입주권 등 마음놓고 공부할 수 있는 여건을 제공해 열렬한 호응을 얻고 있다.

학생들에 대한 학교 측의 애정을 엿볼 수 있는 또 다른 항목은 바로 밀알장학금. 교수와 직원, 동문이 참여하는 이 장학사업은 참여자들이 월급에서 1만 원 단위 혹은 그 미만의 금액을 떼어 장학금을 조성하는 것으로, 말 그대로 티끌 모아 태산을 이루는 일이다.

2007년 한 해에만 5천만 원대의 장학금을 조성해 학생들에게 전달했다. 물론 순천향대는 100여 항목에 이르는 다양하고 굵직한 장학제도(2007년 기준 총 규모 94억 원대)들이 있지만 이 밀알장학금은 학교 관계자들이 가장 뿌듯하게 생각하는 소중한 사업으로 자리 잡았다.

이와 함께 의료과학대학을 신설하고 작업치료학, 임상병리학 등 학교의 시발점이자 강점인 의료 및 의료과학 부문의 특성화도 이뤄나가고 있다. 영어로 수업하는 경영전문 인재 양성 프로그램인 '글로벌 비즈니스 스쿨'도 이 학교만의 특성화 전략에 따라 마련된 것이다.

'지역과 사람을 섬긴다' 사랑정신 가득

책과 책상뿐이던 기존 도서관을 시대 변화에 맞춰 최첨단 문화, 정보, 편의 공간으로 확 탈바꿈시킨 것도 주목된다. 학교 중앙에 자리 잡은 향설기념도서관 1층을 북카페, 프리미어존(2인용 디지털 영화감상시설), 디지털 영화관, 스터디룸, 와이브로(이동식 인터넷)룸, 멀티미디어존 등 최첨단 문화 및 정보 이용 공간으로 꾸몄다.

신세대 학생들의 생활문화에 맞춘 이 같은 시도 덕분에 도서관을 '즐기려는' 학생들이 몰려 제반 시설에 시간제한을 두고 이용하게 할 정도다. 이 같은 도서관의 변화상은 이미 전국 대학의 벤치마킹 사례가 되고 있기도 하다.

학생뿐 아니라 대학의 또 다른 주체인 교수들 또한 순천향대에서는 섬김의 대상이다. 교수평가 강화, 재임용 탈락 등 대학사회에서 교수들의 경쟁력을 높이기 위한 '채찍'이 화두지만 순천향대는 독특한 '가족학풍'으로 교수들의 경쟁을 유도한다. 한마디로 채찍보다 당근이다.

교수들에 대해 일반적인 학술연구진흥비를 지원하며 격려하는 것에 더해, 매년 별도의 우수 연구자를 선정해 포상함으로써 연구와 교육을 독려한다. 이 학교에서 교수들은 소중한 '순천향 가족'으로 대우받는다. 그렇게 함으로써 그들이 학생들을 전력을 다해 지도하고 가르치고 연구할 것을 유도한다.

학교 안의 사람들만 섬기는 것이 아니다. 순천향대는 울타리를 허물고 지역을 섬긴다. 궁극적으로 명문대를 겨냥하는 이 학교의 발전 전략이 '지역사회와 함께 발전하는 대학'이다. 일찍이 이 학교의 원어민 교수들은 지역 초, 중, 고교에 파견돼 일정 과목에 대해 영어수업을 실시했다. 이른바 '원어민 교수 활용사업'이다. 그 덕분에 아산시는 정부로부터 국제화 교육특구로 인정받았다.

지역 학생들을 받아 지역 기업에 취업시킨다는 전략에 따라 지역 기업과의 지속적인 커뮤니케이션을 통해 꾸준히 인재를 교육하고 조달한다. 이른바 맞춤교육이다. 머지않아 들어설 아산신도시에 일찌감치 8만여 평의 제2캠퍼스 부지를 확보한 것도 앞으로 한국의 첨단 산업단지로 성장할 이 지역에 인재를 키우고 공급하기 위한 계획에 따른 것이다.

교내의 '벤처랜드'는 지역사회 유망 중소기업의 창업 및 성장 인큐베이터 역할을 톡톡히 해내고 있다. 벤처랜드는 특히 중소기업청으로부터 그 운영실적과 관련해 최우수 등급인 A등급으로 평가받았다.

'학생가치 창출'이 변화의 출발점

특히 2006년에는 산업자원부로부터 고부가 생물소재의 산업화를 위한 지역혁신센터로 선정된 데 이어 충남 지역 최우수 산학연 컨소시엄 사업단으로 선정됐으며, 같은 해에 중소기업기술혁신대전에서 대통령상을 수상하는 등 지역의 산학협력 분야에서 어느 학교보다 앞서 달리는 것으로 평가돼왔다.

전국적 화제가 된 중앙도서관을 시민에게도 개방해 지역의 문화공간이 되게 한 점도 특이하다. 4천여 명에 달하는 시민이 도서관 회원으로 등록하고 시설을 애용한다. 태안 앞바다의 원유 유출사태 때는 가장 먼저 이 학교에서 의료진을 파견해 언론의 각광을 받기도 했다.

이 밖에 지역민을 위한 대학의 직접적인 교육 프로그램 운영도 활발하다. 기존의 열린 교육기관인 평생교육원을 비롯해 충남교육청으로부터 지정받은 인문영재교육원, 아산시로부터 위탁받은 아산시노인복지회관, 인성교육원을 운영 중이다.

특히 지역적 특성을 반영한 충무공 리더십 강좌는 순천향대만의 독보적 교육 프로그램으로 자리 잡고 있다. 순천향대는 충무공 이순신 장군이 청소년기와 청년기를 이곳 아산에서 보내고 지역에 현충사가 있는 것에 주목해 일찍부터 부설기관으로 이순신연구소를 운영해왔다. 그러던 것을 2007년 1학기부터는 교양과정 정규강좌로 '이순신 리더십과 충무공 정신'을, 2008년 1학기에는 '《난중일기》 강독'을 개설해 150명이 넘는 수강생을 확보하며 학교와 지역 이미지를 높여가고 있다.

학생과 지역을 넘어 세계를 무대로 뛸 인재를 기르겠다는 의지도 충만하다. 이미 해외 51개 대학과 결연한 순천향대는 해마다 본교생 300여 명이 단기연수 또는 교환교육 프로그램으로 외국에 나가 공부한다. 물론 순천향대에도 그만큼의 외국인 학생이 들어와 있다. 더욱이 순천향대 본교와 외국 대학에서 동시에 학위를 인정하는 '복수학위제도'가 해마다 늘고 있는 것도 특기할 사항이다.

2007년 9월에는 자매결연 대학인 중국 톈진외국어대학과 함께 중국의 문화원 격인 '공자아카데미'를 유치해 본교에 개원했다. 중국 현지에서와 똑같은 교육을 한국에서 생생하게 받을 수 있게 한 것이다. 400여 명에 달하는 중국 학생이 순천향대에서 생활하면서 국내 학생들의 중국어 학습과 중국어 교사 양성, 지역주민 교육에 실질적인 도움을 주고 있다.

더욱이 학교 측은 2천여 명을 수용하는 기숙사에 방마다 외국 학생 1명을 배정해 자연스럽게 국내 학생들이 외국어를 생활화하고 국제화 마인드를 가질 수 있도록 조치하기도 했다.

순천향대의 경영이념은 모든 결정에서 무엇보다 먼저 학생을 생각한다는 '학생 가치 창출'의 정신을 그 출발점으로 삼는다. 여기에 설립자 서석조 박사에 이어 학교 경영을 맡은 서교일 총장은 '다같이 잘되게 하는 인재를 지향한다'는 교육목표를 설정해 더욱 완성도 높은 교육내용을 갖추어가고 있다.

2001년부터 총장을 맡아 학교를 경영해온 서 총장은 대학이 앞장서서 학생과 지역을 섬겨야 한다는 '인간사랑'의 정신을 강조하며 순천향대의 변화와 학교 발전을 위한 100억 원 기금 모금을 주도해왔다. 한편으로는 학생들을 불러모으면서, 다른 한편으로는 대학의 발전동력인 재원 마련을 위해 분주하게 뛰어다니며 변화를 이끌었다.

서 총장 취임 이후 본격화된 순천향대의 이 같은 변화 때문에 정작 고통(?)이 심해진 것은 다름아닌 교직원들. 끊임없이 아이디어를 내야 하고, 튀어나온 아이디어를 실행에 옮겨야 하는 까닭에 교직원들은 머리와 몸이 고달프기 짝이 없다고 하소연이다. 그만큼 교직원들도 시대의 변화에 맞춘 행정서비스를 제공해야 하는 숙제를 안게 됐다.

당장 순천향대의 교직원으로 선발되는 과정부터 쉽지 않다. 가령 최근 3년간 이 학교가 실시한 교직원 공채과정에서 그 경쟁률은 해마다 120대 1을 넘었다. 1차 서류전형을 통과해도 2차, 3차에 걸친 까다로운 면접시험을 거쳐야 한다.

'그저 열심히 한다'고 해서 일이 끝나는 것이 아니다. 교직원들은 해마다 연말이면 자신이 어떤 아이디어를 내고, 어떻게 업무를 처리했는가 분석해 학교 평가위원들 앞에서 설명하고 그것을 통해 고과를 받는다. 그러니 누가 보든 안 보든, 자신의 업무상 창의성과 생산성을 축적하기 위해 노력해야 한다. 물론 그런 만큼 학생과 교수를 지원하는 교직원들의 행정서비스의 질과 범위는 나날이 달라질 수밖에 없는 구조가 정착됐다.

이러한 노력의 결과 이미 1999년부터 2001년까지 3년 연속 교육개혁 우수 대학으로, 또 2003년에는 정부의 지방대학 재정 지원 대학으로 2년 연속 선정됐다. 2004년에는 지방대학 역량 강화사업인 이른바 누리사업 대상으로 이 학교의 4개 사업단이 선정돼 총 92억 원을 지원받았다.

2006년에는 교육인적자원부가 주관한 정규직 취업률에서 전국 4위를 차지하는 기염을 토하기도 했다. 2007년도 기준 졸업생의 취업률도 70퍼센트를 넘는다. 2005년과 2006년에는 정부와 민간(대학교육협의회)이 평가하는 우수 대학, 우수 대학원으로 선정되기도 했다.

정규직 취업률 전국 4위 기염

건학 30년, 중부권에 자리 잡은 순천향대가 이처럼 놀라운 실적을 거두며 오늘의 면모를 갖춘 것은 두말할 필요 없이 지속적으로 추진해온 일련의 변화 노력 덕분이다. 순천향대가 이 같은 변화의 노력을 통해 지향하는 것은 무엇인가? 그것은 결국 전국, 아니 세계 각지의 학생이 몰려들고, 세계 유수 대학과 어깨를 나란히 하고 경쟁하는 21세기의 명문대다.

서 총장과 학교 관계자들은 "학생과 지역과 세상을 섬기는 '인간사랑' 리더십을 대학이 먼저 실행해 나가다 보면 국제화한 명문대를 지향하는 목표는 절로 달성될 것"이라는 자신감에 차 있다. 지난해에는 그런 자신감을 표현하는 로고인 SCH Pride를 제정하고, 불멸의 교육과 봉사정신을 상징하는 피닉스(불사조)를 학교 상징으로 선포했다.

더욱이 서울에서 뻗어나간 수도권 전철이 곧 이 대학까지 이어진다. 전철역은 바로 순천향대 후문 근처에 들어설 예정이다. 서울에서 출발해 수도권을 관통하는 전철의 운행은 순천향대를 한층 더 도약하게 하는 계기이자 디딤판이 될 것으로 학교 관계자들은 기대한다.

건학 30년의 새 학기를 맞던 지난 3월 초, 서 총장은 학교 측 인사들과 함께 이 학교에 들어서면 처음 마주치는 인문사회학관 담벼락을 따라 담쟁이덩굴 씨를 쭉 뿌려 심었다. 빨간 벽돌로 지은 건물이다. 이날 서 총장은 이렇게 말했다. "이 담쟁이덩굴이 건물을 뒤덮게 되면 우리 학교도 한국의 아이비리그의 일원이 돼 있을 것입니다."

사람들이 서울에 있는 대학에 눈길을 빼앗기는 동안 순천향대는 조용히 그러나 쉼 없이 30년을 달려왔다. 그리고 이제 교직원, 교수, 학생과 지역이 한 덩어리가 되어 지난 30년의 가속을 받아 거듭 내달리고 있다.

글 • 김영현 월간중앙 객원기자

설립자의 뜻으로 새로운 도전에 나설 터
— 서교일 이사장 인터뷰

한국대학신문 2009년 10월 20일

총장직에서 물러나신 후 동은학원 이사장으로 취임하셨습니다. 동은학원은 어떤 기관인지 설명을 부탁드립니다.

학교법인 동은학원은 1974년에 설립된 대한민국 최초의 의료법인인 순천의료재단(순천향병원)을 모태로 1978년에 순천향의과대학과 함께 탄생했습니다. 1980년도에 '순천향대학'으로 교명이 변경되고 1990년에 종합대학으로 승격한 순천향대학교와 맥을 같이해온 법인입니다.

신수도권 건설의 붐이 한창 일고 있는 충남 아산에 위치한 본교를 비롯하여 서울, 부천, 천안, 구미 등 전국 4개의 종합병원이 동은학원에 포함됩니다. 그리하여 동은학원은 6개의 대학원과 6개의 단과대학에서 수학하는 약 1만 6천여 인재와, 대학과 부속병원을 포함하여 전체 교직원 5천여 명에 이르는 대가족을 자랑하고 있습니다.

동은학원은 설립 이래 한번도 분규나 잡음에 휘말린 적이 없는 깨끗한 법인으로 구성원들의 법인에 대한 신뢰나 내부적 화합과 자긍심은 국내 어느 대학보다 높다고 자부하고 있습니다.

이사장직을 제의받으신 건 언제입니까?

총장직을 수행하는 중에 제의를 받았습니다. 우리 법인을 설립하신 향설 서석조 박사께서는 생전에 동료 의사로부터 '현존하는 가장 뛰어난 신경과 의사'라는 찬사를 받을 정도로 뛰어난 의사이셨습니다. 그럼에도 의술에 관한 한 매우 겸손한 철학을 평생 유지하신 분이셨습니다. 6·25 직후 우리나라의 열악한 의료환경을 개선하기 위해서는 선진화된 병원과 더불어 전문의료인을 양성해야 한다는 큰 뜻에 의해 설립된 것이 순천향병원과 순천향의과대학이었습니다. 오늘날 순천향대학교가 지향하는 바도 설립 초기의 목표에서 크게 달라지지 않았다고 말씀드릴 수 있겠습니다. 따라서 아마도 이사님들께서는 제가 설립자의 유지를 가장 잘 이해하고, 계승할 수 있다고 판단하셨던 것 같습니다.

서교일 이사장(건학30주년 기념식에서)

이사장으로서 일을 시작하는 마음가짐이 남다르실 텐데요.

향설의 설립 의지를 계승하고, 이를 위해 순천향대학교와 순천향대학교 부속병원을 더욱 발전시키는 것이 저에게 주어진 소명이라고 생각합니다.

향설 서석조 박사는 순천향정신을 '인간사랑'으로, 교시(校是)를 '진리' '봉사' '실천'으로 정하셨습니다. 인술이든 교육이든 참된 인간사랑의 정신이 필수적이라는 게 그분의 신념이었습니다. 이와 같은 향설 박사의 유지를 계승, 발전시켜서 우리 사회와 우리나라의 발전을 꾸준히 도모하는 것이 우리 순천향대학교의 소명이자, 이사장직을 수행하면서 제가 잊지 말아야 할 근본이라고 생각합니다.

최근 중점적으로 하시는 일은 어떤 것입니까?

학교법인 동은학원의 산하기관들을 대표하고 이끌어나가는 이사장으로서 장기적 플랜을 마련하고, 산하기관의 고른 발전을 유도하면서 우리의 계획들이 착실히 이루어질 수 있도록 뒷받침하는 것이 이사장의 가장 큰 임무라고 생각합니다. 특히 우리 법인의 경우 작년 천안과 구미의 병원이 학교법인에 기증되면서 법인 발전의 큰 전기가 이루어졌습니다. 앞으로 기존 기관들과 새로 편입된 병원들이 시너지 효과를 이루며 발전해나가리라 기대합니다. 물론 그러기 위해서는 제가 더욱 노력해야 할 것입니다.

이러한 과정에서 개인적인 성취보다는 우리 대학과 병원의 발전과 성취에 더 큰 보람을 느끼고 있으며, 최근 우리 대학이 여러 대외기관의 평가에서 인정을 받고 국책사업도 많이 수주하고 있어 매우 자랑스럽게 생각합니다.

앞으로 아산 신도시 신캠퍼스 조성, 금천구 부속병원 설립 등의 플랜들이 차질 없이 진행될 때 그 즐거움은 배가되지 않을까 생각됩니다.

총장과 이사장, 두 직책을 다 경험하셨는데 비교해보신다면요?

역할이 다르기 때문에 어느 쪽이 더 어렵다 혹은 쉽다, 단정적으로 말할 수는 없을 것입니다. 힘들기로는 둘 다 마찬가지겠습니다만 힘든 만큼 보람도 크다고 생각합니다.

굳이 어려운 점을 들자면, 교육과 의료 분야의 국내외 환경이 하루가 다르게 급변하고 있어 이에 신속하고 적절하게 대응해야 하는 것이 항상 힘겨운 과제입니다. 예를 들어 교육과 의료 분야에 대한 우리 사회의 서비스 기대치가 이 분야의 제도나 이미 구축된 인프라의 발전 속도보다 빠르게 높아질 때 어려움을 절감합니다.

아울러 순천향 전체의 규모가 커지면서 구성원들의 목소리도 다양해질 수밖에 없는데 이 가운데에서 공통분모를 찾아내어 우리 조직의 목표의식을 함께 공유하도록 하는 것은, 리더로서 꼭 필요한 일이면서도 결코 쉬운 일은 아니라는 생각이 듭니다.

최근 CEO형 총장이 각광받고 있습니다. 이에 대해서는 어떻게 생각하십니까?

대학은 개성 있는 집단입니다. 따라서 대학의 총장 역시 무슨 일을 하든 그 개성을 토대로 해야 합니다. CEO형 총장이든 아니든 그것이 중요한 전제입니다. 물론 요즘처럼 대학에도 경영 마인드가 강조되고 국제화 흐름에 잘 대응해야 하는 시기에는 이런 분야에 두루 경험을 갖추신 CEO형 총장이 더 효율적으로 역량을 발휘할 수 있을 것으로 생각합니다.

총장직은 어떤 자리라고 생각하십니까?

대학은 그 조직 특성상 우수한 인재들이 많이 모여 있는 곳입니다. 우수한 만큼 자기 분야에 대한 뛰어난 역량과 함께 각자 완성된 가치체계를 가지고 있는 분들이지요. 총장직은 그런 분들의 개인별 역량을 잘 결집시켜서 작게는 소속된 조직의 발전을 꾀하고 크게는 우리가 속한 사회와 국가 나아가 인류 발전에 공헌할 수 있도록 유도해야 하는 자리라고 생각합니다.

아울러 다음 세대의 주인공인 학생들의 가치를 창출하고, 지역사회와의 유기적인 관계를 통해 대학과 더불어 발전할 수 있도록 솔선하는 것도 총장의 중요한 임무입니다.

총장으로 일하신 경험에 비추어 대학에 바라시는 바를 말씀해주시지요.

순천향대학교는 고등교육기관으로, 그리고 4개의 부속기관은 의료기관으로서 우리 사회 안에서 기여해야 할 막중한 책임을 가지고 있는 공적 기관입니다. 따라서 총장의 역할이 대단히 중요합니다. 총장은 대학 안의 일만이 아니라 사회적 책무를 다해야 하는 공인이기 때문입니다.

저 스스로 추구해온 몇 가지를 두서없이 말씀드린다면, 우선 총장에게는 투철한 봉사정신과 소임에 대한 열정이 필요합니다. 그리고 구성원이 많든 적든 서로 인화할 수 있도록 조율하고 뒷받침하는 것이 리더로서 해야 할 중요한 역할입니다. 이를 위해서는 인내심이 생활화되어야 할 것입니다. 저 역시 이사장으로서 가급적 여러 분야 사람들의 다양한 이야기를 많이 듣기 위해 노력하고 있습니다.

그리고 바람직한 문화와 미덕은 계승하되, 발전적인 법인의 미래는 꾸준히 개척해나가야 할 것입니다. 말처럼 쉽게 이루어지는 것은 아니겠습니다만, 거시적인 시각과 미시적인 배려를 동시에 지닐 때 역량이 최고로 발휘될 것이라 생각합니다.

앞으로도 우리 순천향은 설립자의 정신에 대한 이해를 토대로 새로운 순천향 건설에 끊임없이 도전할 것입니다. 감사합니다.

순천향정신이 소중한 이유

— 제6대 손풍삼 총장 인터뷰

"우리 사회는 지난 수십 년간 모든 대학을 하나의 잣대로 평가해온 결과 각각의 대학들이 품고 발전시켜야 할 개성과 잠재적 역량을 단순화해버리는 우를 범하고 말았다. 문제는 그 과정에 학생, 학부모 등 교육소비자들 역시 대학을 입체적으로 바라보고 선택할 수 있는 안목을 상실하게 되었다는 점이다. 한국의 대학은 이중의 고민에 빠져 있다. 지금 순천향은 이렇게 절박한 상황 가운데 서 있다. 새로운 도약을 위한 발상의 전환이 필요한 시점이다."

대학에서 무엇을 배울 것인가

학생들은 대학에서 지식과 정보를 습득할 뿐만 아니라 인격의 완성을 추구해야 합니다. 인격 완성이라고 말하면 너무 거창한 목표가 아닐까 생각하겠지만 그렇지가 않습니다. 예를 들어, 좋은 대학을 졸업한 사람이 인지능력이나 종합적 판단력에 문제가 있다면 바람직한 대학생활을 했다고 볼 수 없을 것입니다. 도덕적인 면에서 결함이 있다면 아무리 좋은 대학을 나왔더라도 사람들은 그를 좋아하지 않을 것입니다. 우리는 이러한 사례를 쉽게 접할 수 있습니다. 물론 피상적으로 볼 때, 판단력에도 문제가 있고 결코 도덕적이지도 않은데 사회적으로 인정받고, 성공한 것처럼 보이는 사람들이 있는 것이 사실입니다. 하나의 사회가 무슨 수를 써서라도 피해야 할 최악의 상황이 있다면 구성원들의 보편적 인식이 그런 것을 현실적으로 획득 가능한 성공의 전모인 양 간주해

버리는 경우일 것입니다. 모두가 그렇게 확신한다면 그 사회는 절망적입니다. 이중성과 위선에 관대한 사회의 내일이 밝을 수는 없습니다. 만일 대학이 그런 타락한 가치관에 저항할 힘을 잃어버린다면 대학은 더 이상 존재할 필요도 없습니다.

중요한 것은 남이 보는 내가 아니라 나의 삶 그 자체입니다. 그런데 인격 완성을 위한 노력 없이 개인이 행복할 수가 있습니까? 아무리 많은 돈을 벌고 높은 지위에 오르더라도 결코 행복할 수가 없습니다. '성공한 것처럼 보이는 것'이 인생의 목표인 사람은 없습니다. 그러므로 결론은 간단합니다. 대학 역시 진정한 행복을 위해 선택하는 의미 있는 과정의 일부라고 볼 때 대학에서는 자신의 평생을 일관할 만한 관점을 얻어야 합니다. 그것을 달리 표현한 것이 인격 완성일 뿐입니다. 그러므로 대학생, 특히 신입생들

제5대 서교일 총장과 제6대 손풍삼 총장의 이·취임식(2009)

은 전공에 관계없이 폭넓은 공부를 해야 합니다. 특히 인문학을 공부해야 합니다. 인문학이야말로 기초학문이기 때문입니다. 인문학에 대한 이해 수준을 보면 그 대학을 평가할 수 있다고 생각합니다. 오늘날 우리 사회가 툭하면 극단적 갈등과 충돌에 휩싸이게 되는 것도 따지고 보면 인문적 관심을 잃어버린 대학교육의 책임이 큽니다. 이념도 중요하지만 상식과 교양이 우선입니다.

어떤 대학을 선택할까

모든 전공 분야를 최고의 수준으로 가르칠 수 있는 대학은 현실적으로 존재하기 어렵습니다. 그런 대학이 필요한지도 의문입니다. 여러 대학이 공존하는 것이 자연스런 것이라면 사실 그런 특별한 대학은 있을 필요도 없습니다. 따라서 우리 사회에서 성적이 우수한 학생들이 일제히 몇몇 대학으로 몰려가는 것은 지극히 잘못된 현상입니다. 이것은 실용적 측면에서도 비판받아 마땅합니다. 전공보다 특정 대학을 우선시하는 것을 인정할 수 있는 관점이란 있을 수 없습니다. 우리 사회가 오랫동안 이런 관행을 어쩔 수 없는 일인 것처럼 방치해둔 결과 오늘날 대학교육의 질은 형편없는 수준으로 추락하고 말았습니다. 대학들은 저마다 국제적 수준의 경쟁력을 보유한 것처럼 외치고 있지만 그것을 액면 그대로 받아들이는 사람은 없습니다. 대학들은 매년 많은 학생들이 미국으로 몰려가는 현실에 대해 깊이 고민해야 합니다. 물론, 특별한 목적의식 없이 거액을 들여가며 연수나 유학을 떠나는 일부의 행태도 비판받아 마땅합니다.

두말할 필요도 없이 대학을 선택할 때 가장 중요한 것은 자신이 하고 싶고, 잘 할 수 있다고 생각하는 전공을 선택하는 것입니다. 그러고 나서 그 대학의 건학이념, 면학 분위기, 교수진, 장학금 혜택, 이미지 등을 고려하여 최종적인 선택을 해야 합니다. 우리 사회의 경우 고등학교에서 중간 정도의 성적이라면 더 이상 성적 몇 점 올리기 위해 연연할 필요는 없다고 생각합니다. 차라리 자기 성적에 맞는 적당한 수준의 대학에 들어가서 전공 공부에 힘을 쏟는 것이 효율적입니다.

물론 조금이라도 평판이 좋은 대학에 가고 싶어 하는 마음을 모르지는 않습니다. 부모님 등 주변의 기대도 부담스러울 것입니다. 그러나 이것이 지나치면 대학에 가는 궁극적 이유를 놓치게 되고, 결국은 성공적인 대학생활을 할 수 없게 될 것입니다. 본말이 전도되는 것입니다. 궁극적 목표는 특정 대학에 입학하는 것이 아닙니다. 우리 사회에 퍼져 있는 학벌 중심의 기득권에 대한 미련이 있겠지만 그것도 지금 빠른 속도로 변하고 있습니다. 항상 '나'라는 인격체를 어떤 모습으로 조탁할 것인지 주체적으로 판단하기 바랍니다. 오직 대학입시만을 목표로 하는 단순한 공부로부터 벗어나서 하루라도 빨리 자유롭게 공부할 수 있는 대학을 선택하는 것이 현명합니다.

대학에 입학하는 마음가짐

대학은 학생들에게 많은 것을 줄 수 있도록 준비하고 있지만, 스스로 선택하고 참여하지 않는 학생들에 대한 대책까지 마련해

놓고 있는 것은 아닙니다. 대학은 신입생들의 기대만큼 그렇게 친절하지는 않습니다. 대부분의 일들은 자기 스스로 해야 합니다. 따라서 같은 대학에 입학한 두 학생이 졸업할 때쯤 4년 동안 다닌 모교에 대해 상반된 느낌을 갖게 되는 것은 이상한 일이 아닙니다. 자립적인 공부와 교류에 익숙하지 못한 학생이라면 초기에 어려움을 겪을 수도 있습니다.

중요한 것은 학생 자신의 의욕입니다. 모든 일에 의욕적으로 부딪히는 태도가 필요합니다. 모르는 것은 부끄러운 것이 아닙니다. 모르면서도 알기 위해 노력하지 않는 것이 부끄러운 것입니다. 특히, 지적인 의욕이 있어야 합니다. 대학은 자신의 믿음을 강화하기 위해 찾는 곳이 아닙니다. 오히려 섣부른 믿음을 버리기 위한 곳일 수도 있습니다. 대학생이라면 치열한 문제의식으로 자신의 선입견을 객관적으로 비판할 수 있어야 합니다. 낯설고 새로운 것

2010 신입생 오리엔테이션

을 받아들일 줄도 알아야 합니다.

이러한 측면에서 한국의 대학 신입생들은 충분히 준비되어 있다고 보기 어렵습니다. 대학 이전의 공부라는 것이 고작해야 입시준비에 불과하기 때문에 시각이 편협합니다. 일단 대학에 들어가는 것이 가장 중요한 과제가 되어 있는 한 이 문제는 개선되기 어려울 것입니다. 당분간은 제도적 뒷받침도 기대하기 어려울 것입니다. 그러므로 스스로 깨달아야 합니다. 학교도, 부모도 내 삶을 대신 살아줄 수는 없습니다. 대학은 많은 보물을 지니고 있는 가능성의 공간이라는 것을 기억하고, 자유로운 정신으로 그 보물들을 찾기를 바랍니다.

대학생활을 풍요롭게 하는 것

대학에 오기 전, 학생들은 대학생이 된 자신의 모습도 상상해보고 대학생이 되어 해보고 싶은 것들도 이것저것 생각해볼 것입니다. 미리 예상하고 준비하는 건 좋은 일이지만, 실제 대학생활에서 얻는 것은 예상 이상이 되어야 합니다. 대학에 오기 이전에 예상하고 있던 것들만 대학에 와서 얻는다면 대학생활은 빈곤할 수밖에 없습니다.

우리 사회 일각에서 대학을 취업을 하기 위한 수단 정도로 인식하는 경향이 있습니다. 그런 생각으로 대학생활을 한다면 4년은 괴로운 시간이 될 수밖에 없습니다. 많은 사람들이 중학교 3년은 고등학교를 가기 위한 과정이고, 고등학교 3년은 대학을 가기 위한 과정이고, 대학 4년은 취업을 하기 위한 과정으로밖에 생각하

빛과 어둠

생각과 입장의 차이 때문에 갈등하고 충돌하는 일들을 자주 접한다. 역지사지(易地思之)를 말하지만 이게 쉽지 않은 모양이다. 정작 중요한 문제는 정말 다르냐는 데 있다. 같은 것을 다르게 보거나, 조금 다를 뿐인 것을 근본적으로 다른 것으로 착각하는 경우가 흔하다. "와인이 반밖에 안 남았다"는 사람과 "와인이 아직도 반이나 남았다"고 말하는 사람 사이에는 엄청난 관점의 괴리가 있지만, 사실 그 대상이 되는 사물은 하나다.

언제부턴가 우리 사회는 극단적 긍정과 부정에 익숙하다. 그래야 좀 더 똑똑해 보이고, 덜 손해본다고 생각한다. 그러나 삶의 문제라는 것들이 그렇게 명백한 것만은 아니라는 경험에 비추어 볼 때 위험한 태도가 아닐 수 없다. 긍정과 부정 사이에는 '빛'과 '어둠'의 사이가 그러하듯이 다양한 스펙트럼이 존재한다. 긍정과 부정 사이에 있는 많은 경우들이란 곧 가능성이다. 따라서 그것을 염두에 두지 않는다면 결국은 작은 차이를 두고 크게 다툴 수밖에 없다. 한 사회가 이런 성향의 사람들로 가득 차 있다면 소란과 소동이 그칠 날이 없고, 당연히 비싼 사회적 비용을 지불하게 될 것이다.

그런데, 유감스럽게도 우리 현실이 바로 그러하다. 역시 일차적 책임은 교육에게 묻지 않을 수 없다. 성적 만능주의에 물든 한국의 교육은 어릴 때부터 작은 차이를 소중히 여기도록 가르치지 않는다. '빛과 어둠' 사이에 존재하는 무수한 경우의 수를 일깨워주지 않는다. 이러한 현실 속에서 대학이 내일의 지도자가 될 만한 재목을 가려 뽑는 일은 갈수록 어려워지고 있다. 또한, 타협적인 대학들 역시 대학이라면 마땅히 몰입해야 할 인성교육을 포기한 지 이미 오래다.

무엇보다 교육이 중심을 찾아야 한다. 대학은 '뽑는 곳'이 아니라 '가르치는 곳'이 되어야 한다. 입학성적으로 서열이나 따지고, 고시 합격생 수나 과시할 시간이 없다. 빼고 삭제하는 교육이 아니라 더하고 보태는 교육을 통해 더불어 살기 위한 온기를 회복할 때 우리는 비로소 내일의 희망을 말할 수 있을 것이다.

순천향대학교 총장 손풍산
매일경제신문 칼럼 "매경춘추" 중에서(2009년 11월 11일자)

지 않습니다. 이것은 아주 잘못된 생각입니다. 대학 4년이라는 소중한 시간을 취업이나 준비하면서 보낸다는 것은 자기 인생에 있어서 얼마나 큰 손해입니까.

따라서 대학의 현실을 다 알고 있다고 자신하지 말고, 열린 마음으로 대학에 오기를 바랍니다. 그리고 선택한 대학에 대해 자부심을 가져야 합니다. 자기가 처한 현실에 대한 자부심이 없다는 것은 자신을 비하하는 것과 다르지 않습니다. 또, 대학을 뻔한 곳으로 생각한다는 반증입니다. 사실이 그렇지 않으므로 어리석은 태도입니다.

예를 들어, 순천향대학교에는 많은 보물들이 있습니다. 총장인 나도 무엇이 있는지 다 모를 정도입니다. 그것을 찾아내고 조합하고 활용하는 것은 학생들 각자의 선택입니다. 내가 선택한 대학에는 미처 생각지도 못한 놀라운 보물이 숨겨져 있다, 그걸 내가 발견해야겠다, 이런 마음가짐으로 대학생활을 한다면 어떤 대학에 들어가서 공부를 하든 대학 4년이 풍요로울 수 있을 것입니다. 대학에 입학하는 순간부터 사회적 편견과 고정관념으로부터 빨리 벗어나기 위해 노력해야 합니다.

대학생의 현실인식

한국의 현대사를 돌이켜보면, 대학생들의 참여가 중요한 역할을 해온 것이 사실입니다. 이는 학문에 매진해야 할 학생들이 참여하여 변화시켜야 할 정도로 우리의 현대사가 많은 문제점을 내포하고 있었다는 반증이기도 합니다. 그리고 그러한 현실은 지금도 마찬가지로 이어지고 있습니다. 우리 기성세대들은 대학생들에게 공부나 열심히 하라는 말을 할 수가 없습니다. 그들이 공부만 열심히 해도 괜찮을 만큼의 사회를 기성세대들이 만들어놓지 못했기 때문입니다.

대학생들의 현실 참여는 그들 자신을 위한 현실 참여라는 면에서 제3자가 뭐라고 간섭할 일이 아닙니다. 자신의 욕망을 보류한 이타적 행위가 아니라 자기 자신을 위한 적극적 행동입니다. 그저 맘 편히 공부나 해서는 기본적으로 맘 편히 살기도 힘든 세상이기 때문입니다. 그리고 모든 배움이 목표하는 것은 어디 먼 이상향이 아니라 우리가 발 딛고 선 이 현실입니다. 그래서 나는 우리 순천향 대학생들이 내가 속해 있는 이 사회와 세계가 어떻게 구성되어 있고 어떠한 논리로 진행되고 있는지 정확히 인식하기 위해서 노력하기를 바랍니다.

자기가 속한 현실에 대한 인식이 결여되어 있는 지식인은 지식인이 아닙니다. 순천향이 타인에 대한 배려와 봉사를 중시하고 있는데, 현실을 인식하지 못하고 참여가 필요하다는 것을 생각하지 못한다면 지식인으로서의 역할을 제대로 해낼 수 없을 것입니다. 그래서 우리 순천향 학생들이 좀 더 다양한 활동에 적극적으로 참여하기 바랍니다. 학점 따기와 스펙 쌓기에 몰두하는 것이 대학생활의 전부가 아닙니다.

실용, 비실용 논란

요즘 대학생들은 참 개인주의적이라고들 합니다. 공부든 인간

관계든 자기에게 필요한 것만 쏙쏙 골라서 그것만 열심히 한다는 것입니다. 불필요한 것들에 대해서는 외면하고 기피한다고 합니다. 그런데 어떻게 그렇게 쉽게 필요, 불필요를 나눌 수 있다는 것인지 그 자체를 이해하기 어렵습니다. 예를 들어, 소크라테스나 공자의 철학을 비실용이라고 볼 수 있습니까? 그런 걸 공부하는 게 비실용적인 것입니까? 인문학을 공부하는 것, 현실에 대한 인식을 치밀하게 하는 것은 그게 다 실용적이기 때문에 하라는 것입니다. 독서도 실용입니다. 이런 게 아닌 다른 무언가가 실용이라고 생각한다면, 그것은 당장은 유리할지 몰라도 지속가능하지 않은 실용이라고 말씀드리고 싶습니다. 실용적으로 사는 것은 좋습니다. 하지만 장기적인 안목으로 내 인생 전부를 관통하여 무엇이 실용적인 것인지 제대로 인식하라는 말입니다. 아이폰을 만들어 낸 애플의 스티브 잡스도 기회 있을 때마다 인문학의 중요성을 강조합니다. 인문적 상상력이 없다면 창의적 IT 작업도 어렵다는 것입니다.

민주주의 국가에 있어서 정치과정에 참여하는 것도 마찬가지입니다. 직접적으로 정치에 투신하는 것과 정치과정에 참여하는 것은 같지 않습니다. 대학생들은 누구나 당연히 정치과정에 참여해야 합니다. 참여하지 않는 것을 정당한 선택행위의 하나인 것처럼 자위하는 것은 곤란합니다. 정치가 자신의 삶과 무관하다고 보는 시각 자체를 반성할 필요가 있습니다. 무관한 것이 아니라 그 관계성을 인식하지 못하고 있는 것입니다.

그러므로 대학생들이 자기에게 유리한 것과 그렇지 않은 것을 단순한 기준에서 구분하는 것에 찬성할 수 없습니다. 다른 사람들의 필요와 욕망을 이해하지 못하는 사람은 자기 자신 역시 이해할 수 없습니다. 실용과 비실용을 구분하는 관점에서 이야기하자면, 그렇게 구분해서 사는 게 가능하지도 않을뿐더러 이기적으로 살기 위해서라도 비실용의 영역으로 관심을 넓혀가지 않을 수가 없다고 할 수 있습니다. 대학이라는 곳은 그렇게 관점을 넓히고 인식을 키워가기 위해 오는 곳입니다.

대학에서 삶의 가능성 키우기

학생들이 대학에서 접하는 모든 것은 삶의 가능성을 키워준다는 측면에서 소중합니다. 그 중에서도 특히, 폭넓은 독서의 중요성은 아무리 강조해도 지나치지 않습니다. 사실 대학생들에게 독서의 중요성을 강조한다는 것은 자연스럽지 못한 행동입니다. 대학생이라면 누가 시키지 않아도 당연히 책을 읽어야 할 것이기 때문입니다. 책을 가까이하지 않고 할 수 있는 공부는 없습니다. 실상이 그렇지 못하다는 것은 우리 사회의 치부라고 해야 할 것입니다.

한국의 대학생들은 무조건 지금보다 더 많이 다양한 책들을 읽어야 합니다. 책을 읽지 않는 개인이나 사회가 올곧게 성장할 수는 없습니다. 일단 우리 순천향 학생들이라도 대학에 있는 동안 더 많은 책을 읽기를 바라는 마음에서 독서의 중요성을 강조하고 있습니다. 어떤 이들은 인터넷 등 디지털 문화가 이를 대체할 수 있다고 말합니다만 대체가 아니라 보완 정도일 것이라고 생각합니다. 만일 언젠가 아예 대체되어버린다면 상당히 아쉬울 것입니다. 그렇게 되지 않기를 바랍니다. 책을 선택하고, 천천히 책장을 넘기며 읽는 행위, 그리고 그것을 보관하다가 다시 읽기도 하는 것은 그저 유용한 정보를 얻는 것 이상의 의미를 내포하고 있기 때문입니다.

대학에 들어온 이유가 무엇입니까. 대학의 다양한 문화를 접하고, 선택한 분야를 연구하며, 사회를 보는 새로운 시각을 받아들이는 등 대학이 아니면 접해볼 수 없는 콘텐츠들을 내 것으로 만들어 좀 더 나은 인생을 살고자 함이 아닙니까. 대학에서 형성한 판단력으로 자기가 속한 현실세계를 더 잘 이해하고자 함이 아닙니까. 그 목표를 달성하는 데 빠져서는 안 될 요소가 바로 독서입니다.

그런데 지금 우리 교육은 독서를 하지 않아도 졸업하는 데 아무

향설기념중앙도서관

문제가 없게끔 이루어지고 있습니다. 전공에 따라서는 인문학을 전혀 공부하지 않아도 학점 따는 데 전혀 지장이 없습니다. 이것은 잘못된 것입니다. 교육이 파행적으로 이루어지는 겁니다. 의사를 목표로 하든 판사를 목표로 하든 엔지니어를 목표로 하든 운동선수를 목표로 하든, 인문교양은 대학교육의 기본이 되어야 합니다. 그런 의미에서 순천향만이 아니라 한국의 대학들 모두 교육과정과 내용을 조정할 필요가 있다고 생각합니다. 특히, 대학이라는 곳은 개인적으로 자기가 선택한 전공에 관한 공부를 하는 장소에서 그치지 않고, 지식인으로서의 리더십을 길러야 하는 곳이기도 합니다. 전공 지식으로만 머리를 빼곡히 채워가는 곳이 아니라 사회 전반을 바라보는 종합적인 판단력을 기르는 곳이라는 의미입니다. 여기서 독서는 절대 빼놓을 수 없는 필수요소입니다. 또한, 독서를 하되 좀 더 어려운 책을 읽기를 바랍니다. 취미로 하는 즐거운 독서도 좋겠지만, 자기 자신을 성장시키는 치열한 독서를 하기를 바랍니다. 편하게 읽을 수 있는 책만 읽어서는 발전할 수 없습니다.

순천향인의 자부심

순천향대학교를 자기 뜻으로 선택한 학생들이 순천향에 대해 자부심을 느끼는 것은 자연스럽습니다. 만일 자부심을 느끼지 못하는 학생이라면 순천향에 오게 된 과정과 대학을 무엇으로 생각하는지 그 기본적인 관점에 문제가 있을 것입니다. 학생, 학부모, 선생님 등 교육소비자들은 대학에 대해 도대체 무엇을 기대하고 있는지 스스로 잘 생각해보아야 합니다.

물론 순천향의 신입생들 중에도 막연한 불만 가운데 입학하게 된 경우가 있을 것입니다. 그렇지만 학교에 대해 어느 정도 알게 되었을 때는 생각이 크게 달라지곤 합니다. 순천향은 당대 최고의 의사였던 설립자, 서석조 선생의 깊이 있는 교육철학과 투명한 대학 운영, 그리고 의욕적인 투자 등에 힘입어 매년 우수 학생들의 지원 열기가 더욱 뜨거워지고 있습니다. 그런 만큼 학생들의 학교에 대한 믿음과 기대도 큽니다. 이 모든 것이 순천향 사람들이 느끼는 자부심의 근원일 것입니다.

노파심에 한 가지 부연하자면, 많은 이들이 별 생각 없이 언급하는 대학의 서열이라는 것에 문제가 많습니다. 현재 한국의 교육은 학생들의 잠재력을 발굴해내는 데 실패하고 있습니다. 모든 평가를 성적 위주로 하는 것이 일차적인 문제입니다. 언론의 평가가 무의미하다고 보지는 않지만, 현재와 같이 단순한 기준으로 급조해내는 순위는 사실상 무의미합니다. 대학들이 고교 때까지의 성적만 가지고 학생들을 선발하는 데 급급해한다면 교육 정상화는 요원합니다. 그런데 대부분의 대학들은 지금 학생들의 잠재된 역량을 어떻게 발굴하고 키워서 사회로 내보낼 것인가에 대해서는 크게 고민하지 않는 듯합니다. 그러다 보니 대학이 취업을 위한 학원처럼 취급되는 슬픈 현실에 처해 있습니다. 사실 고교 때까지의 성적이라는 것도 엄밀히 말하면 학생들의 진정한 능력과 가능성을 비추어내지 못합니다. 그렇다면 성적 경쟁이라는 왜곡된 과정을 통해 이루어진 현재의 대학 서열이라는 것도 허상에 불과합니다. 그런 서열은 허영심이라면 몰라도 자부심과는 무관합니다.

개인이든 조직이든 상황 인식이 달라지면 자부심은 당연히 가질 수 있다고 봅니다. 자신을 중심에 놓고 모든 일에 능동적으로 대처하며 자기 일에 애정을 가질 때 진정한 자부심이 생겨나는 것입니다. 실현하고자 하는 꿈이 있는 사람에게는 자부심이 있습니다. 순천향사람들 사이에는 그런 공감대가 형성되어 있습니다.

순천향대학교를 추천하는 이유

최근 입시에서 순천향대학교는 높은 경쟁률을 기록하고 있습니다. 그러다 보니 신입생들의 수준도 전반적으로 향상되어가고 있습니다. 여러 가지 이유가 있겠는데, 우리 순천향의 실체가 알려지게 된 것이 중요한 이유라고 생각합니다. 그동안 순천향은 역량에 비해 평가절하되어 있었던 것이 사실입니다. 그러나 최근 몇 년간 이루어진 공신력 있는 평가들은 순천향이 중부권의 대표 사학이라는 것과 급속히 성장하고 있다는 것을 분명히 보여줍니다. 물론 수도권 전철 순천향대역 신설 등으로 통학하기 쉬워졌다는 점도 한 가지 이유가 되었을 것입니다. 또한, 의료, 의약바이오 등 특성화 전공에 강점을 보인다는 사실이 학생들의 선택에 중요하게 작용하는 것 같습니다. 그 결과 2010년 대학입시에서는 충남지역 대학 중 가장 높은 경쟁률을 기록했습니다.

순천향이 이렇게 각 부문에서 분발하고 있는 것은 역시 서석조 선생의 영향이 크다고 생각합니다. 그동안 대학본부를 중심으로 여러 가지 노력을 한 끝에 지금 우리 순천향사람들은 온갖 어려움을 뚫고 이 대학을 설립한 선생의 뜻을 잘 이해하고 있습니다. 그래서 더욱, 순천향이 그저 그런 평범한 대학 중의 하나에 머물 수 없다고 생각합니다. 지난 32년이 그것을 확인하고 잠재력을 키우는 기간이었다면 앞으로 전개될 역사는 순천향 도약의 역사가 될 것입니다. 설립자의 의지, 교직원들의 노력, 그리고 대학을 둘러싼 외부 상황의 긍정적 변화가 오늘날 순천향의 성장을 이끌었고, 그 결과 많은 학생들이 우리 순천향을 찾고 있는 것입니다. 물론, 사회로 진출한 3만여 동문들의 기여가 크다는 점은 말할 필요도 없을 것입니다. 그들은 희생과 봉사라는 특유의 순천향정신으로 물질 만능, 경쟁 만능의 이 각박한 사회에 물처럼 스며들어 이 시대가 필요로 하는 역할을 해내고 있습니다.

또한, 순천향대학교의 면학 분위기를 자랑하고 싶습니다. 순천향은 재단으로부터 대학본부의 직원에 이르기까지 한마음으로 학생들이 대학생활에 몰입할 수 있도록 돕기 위해 노력하고 있습니다. 대학 운영은 순천향이라는 이름처럼 순리에 어긋남이 없이 이루어지고 있고, 무엇보다 학생들의 눈높이에서 모든 일을 판단하고 실행하기 위해 최선을 다하고 있습니다. 학생들은 공부에 집중하고, 캠퍼스생활을 즐기기만 하면 됩니다. 우리 임직원들은 매년 많은 대학들이 이런저런 이유로 불필요한 분란에 휩싸이는 것을 보며, 학생들을 위해 정말 그래서는 안 되겠다는 다짐을 합니다. 학생들은 열정적으로 대학생활을 할 수 있어야 하고, 대학 운영은 그것을 지원하는 일 이외에는 조용하면 조용할수록 좋다고 생각합니다.

순천향의 숨겨진 가능성

순천향 사람들의 가슴속에는 서석조라는 인물이 품고 있었던 지식인의 사회적 역할에 대한 공감대가 형성되어 있습니다. 솔직히 말해서 오늘날 대학을 졸업했다는 사실은 사회적 리더십을 발휘하는 데 별 영향을 미치지 못합니다. 그렇지만 우리 순천향사람들은 지식인의 사회적 역할이라는 화두를 여전히 붙들고 있습니다. 배움의 목적은 개인적 성취는 물론이요 그 시대가 필요로 하는 사회적 역할을 담당하는 데 있다고 생각합니다. 순천향이 더 좋은 대학이 되고자 하는 것은 단순히 명문대학의 반열에 오르기를 바라서가 아닙니다. 우리 사회 구성원 모두가 더불어 사는 세상을 만드는 것이 순천향의 목표요, 순천향 출신자들은 바로 그러한 역할을 할 수 있는 지식인이 되어야 한다고 생각합니다. 지금 이 시대에 이러한 공감대가 형성될 수 있다는 것만으로도 우리 순천향의 남다른 가능성을 엿볼 수 있다고 생각합니다.

오늘날 학생들이 대학에서 중요하게 생각하는 것이 '스펙'이라고 합니다. 토플 점수 몇 점 이상, 자격증, 공모전 수상 경력 등등. 그런데 이러한 스펙은 사실 노력하면 누구나 쌓을 수 있는 것들입니다. 열심히 공부해서 자격을 획득하면 어떻게든 의사도 될 수 있고 판사도 될 수 있습니다. 그러나 정신적 스펙, 예를 들면 이타심, 배려심, 도덕성 같은 것들은 아무나 갖출 수 있는 게 아닙니다. 능력 있는 의사가 되는 것보다 훌륭한 의사 되기가 훨씬 어렵습니다. 순천향에 들어와서 그러한 정신적 스펙의 의미에 눈을 뜰 수만 있다면, 그것은 대학을 통해 획득할 수 있는 가장 소중한 가치가 될 것입니다.

우리 사회의 분위기도 조금씩 달라지고 있습니다. 신입사원을 뽑을 때 영어 점수나 여러 개의 자격증보다는 그 사람의 인성을 더 중요하게 생각하는 회사들이 늘어나고 있다고 합니다. 건강한 리더십을 필요로 하는 회사들로서는 당연한 변화입니다. 그러한 관점에서 바라본다면 마음의 여백을 지니고 있는 사람들이 바로 유능한 사람일 것입니다. 우리 순천향 출신자들은 누구나 뛰어들어 경쟁하고 있는 단순한 스펙들보다 소중한 자격요건이 있다는 점에 주목할 필요가 있습니다.

이러한 생각으로 학생들에게 인문학 수업을 들을 것을 적극 권장하고 있습니다. 2010년에 교양교육원을 출범시켜 다양한 인문사회 강의를 들을 수 있게 만든 것도 그런 이유에서입니다. 순천

2010 Phoenixia에서 '순천향인의 행복한 밥상 대회'에 참가한 손풍삼 총장

향의 전교생은 전공을 불문하고 의사를 희망하든 엔지니어를 희망하든 교양교육원을 통해 이루어지는 다양한 인문학 강의들을 수강하게 되어 있습니다.

더 좋은 대학이 되기 위한 선택

성장과 발전을 위한 순천향대학교의 당면 과제는 선택과 집중입니다. 이에 따라 의료과학 분야, 디스플레이 분야, 특수교육 분야, 사회복지 분야, 글로벌 비즈니스 분야, 이렇게 다섯 개 분야를 특성화하여 집중 육성하기로 하고 현재 다양한 투자를 진행하고 있습니다. 이 특성화 사업은 지원한 학생들이 올리고 있는 성과와 만족도로 이미 그 효율성이 입증되고 있습니다. 또한, 더욱 완벽한 내외형적 인프라를 갖추기 위해서도 노력하고 있습니다. 오랜 공사 끝에 새로운 기숙사도 문을 열었고, 캠퍼스 리모델링 작업도 완료했습니다. 우리 학생들이 캠퍼스 안에서 필요한 모든 것을 해결할 수 있도록 만드는 것이 목표입니다.

또한, 우리 학생들이 성숙하고 균형감각 있는 교양인으로 성장할 수 있도록 2010년에 교양교육원도 문을 열었습니다. 순천향 학생이라면 누구나 참여할 수 있습니다. 바라건대 대학은 순수한 학문의 전당임과 동시에 그가 속해 있는 사회의 진보에 일정 부분 책임이 있다는 점을 명심하고 대학의 사회적 역할에 대해서도 끊임없이 토론하는 장이 되기를 바랍니다. 한 사회 속에서 대학의 리더십이란 그냥 주어지지 않습니다. 대학의 구성원들이 건강한 문제의식으로 사회와 지속적으로 소통할 때, 그 과정에서 대학은 새로운 역량도 개발할 수 있고, 더 좋은 인재들을 끌어모을 수도 있을 것입니다.

물론, 쉽지 않은 전제가 있습니다. 순천향이 좋은 대학이 되기 위해서는 재학생과 동문들의 애정과 책임감이 필수적입니다. 순천향과의 인연은 잠시 스쳐지나가버릴 가벼운 인연이 아닙니다. 대학의 성장과 함께 그 대학을 졸업한 사람들 또한 성장합니다. 공존, 상생의 논리는 여기에도 똑같이 적용됩니다. 자신을 위해서라도 순천향이 더욱 자랑스런 모습으로 도약할 수 있도록 함께 노력해야 합니다. 궁극적으로, 좋은 대학을 만드는 것은 좋은 교직원들과 학생들, 즉 사람들입니다. 기회는 항상 그것이 기회라는 점을 깨닫는 자에게만 기회로서 작용한다고 생각합니다. 순천향으로서는 지금부터 향후 몇 년간이 바로 그러한 기회의 시기일 것입니다.

순천향의 내일

순천향대학교는 아직 외부로 드러나지 않은 많은 장점을 지닌 대학입니다. 그리므로 순천향에 대한 평가는 앞으로 긍정적인 방향으로 크게 변할 것입니다. 이러한 사정은 순천향 도약의 필연성을 이해하는 데도 도움이 됩니다. 내부의 구성원들도 이 문제를 숙고할 필요가 있습니다. 내 손에 쥐고 있는 보물을 몰라본다면 가장 큰 피해자는 나 자신일 수밖에 없기 때문입니다. 순천향인이라면 순천향에 대해서 잘 알아야 할 것입니다. 잘 알면 잘 활용할 수도 있을 것입니다. 이러한 문제의식이 모든 변화의 출발점입니다.

이를 위해 우리가 보유한 콘텐츠를 정리하는 데 힘을 쏟고 있습니다. 설립자는 순천향을 왜 만들었는지, 어떤 철학적 기반 위에서 있는 대학인지, 장단기 목표는 무엇인지, 어떤 사람들이 가르치고 있는 대학인지……. 또한, 지역대학에 대한 내외부의 선입견을 변화시키기 위해 더 적극적으로 활동영역을 넓혀갈 생각입니다. 순천향도 이제는 지역을 대표하는 대학으로서 제 목소리를 낼 때가 되었습니다. 교육 당국과의 대화도 당당하게 진행해야 합니다. 순천향의 문제, 지역대학의 문제는 곧 이 나라 대학과 교육의 문제입니다. 지역대학의 문제를 방치해놓고 교육 정상화를 바라는 것은 모순입니다. 이러한 논의의 과정에서 순천향의 잠재력에 주목한다면 당연히 좀 더 실효성 있는 지원책도 마련될 것으로 생각합니다. 그러므로 우리 순천향의 내부는 두말할 필요 없이 자신감으로 충만해야 할 것입니다. 순천향의 미래에 대한 관심과 지원은 국가적 차원에서 지속될 것으로 확신하고 있습니다.

'인간사랑'의 건학이념

순천향의 보물들 중 가장 중요한 것이 '인간사랑'의 건학이념입니다. 물론 '사랑'이라는 개념은 누구나 생각하고 말할 수 있습니다. 어쩌면 세상에서 가장 흔히 쓰이는 말이 사랑일지도 모르겠습니다. 그러나 나날이 삭막해져가는 현실 속에서 배움의 핵심적인 이유로 사랑을 생각하기는 쉽지 않습니다. 게다가 이것을 실천적으로 뒷받침하기는 더욱 어렵습니다. 실천으로 뒷받침하지 않을 때 말은 공허합니다. 흔히 정치적 수사에서 경험하게 됩니다만,

정치인들은 툭하면 국민의 뜻을 하늘의 뜻같이 받들겠노라 공언합니다. 그러나 우리는 그들의 말 속에서 진정성을 느끼지 못합니다. 따라서 감동도 없는 것입니다.

순천향사람들과 '사랑'이라는 개념은 자연스럽게 조화를 이룹니다. 이것은 순천향의 설립정신, 곧 순천향의 지향점이 사랑이기 때문입니다. 서석조 선생께서는 병원과 대학의 설립을 통해 몸소 그것을 실천적으로 보여주셨습니다. 그런데 아이러니컬하게도 세상은 순천향의 건학이념과는 정반대의 방향으로 변해가고 있습니다. 사랑을 이야기하는 것은 왠지 진부해 보이기까지 합니다. 심지어 사랑을 핵심 이념으로 생각하는 신앙인들까지도 무조건적인 사랑을 미덕으로 보지는 않는 것 같습니다. 사랑은 이제 이 삭막한 사회 속에서 힘을 잃어버린 듯합니다. 현실은 그렇게 전개되고 있는 것이 사실입니다.

그러나 바로 이 시점에 우리 순천향사람들은 다시 한번 다른 어떤 대학이 아닌 순천향에서 배운다는 것의 의미를 곰곰이 생각해 보아야 합니다. 사회 속에 존재하는 하나의 대학으로서 타락한 시대가 원하지 않더라도 반드시 실현해야 할 가치에 대한 문제의식을 실천적으로 품고 나아간다는 것이 무엇을 의미하는지 고민해 보아야 합니다. 그리고 건학 이후 변함없이 지식인의 삶의 가치는 사랑의 기준에서 평가받을 수 있어야 한다고 믿는 순천향에 대해 자부심을 느낄 수 있어야 한다고 봅니다. 한번 순천향과 인연을 맺게 된 사람이라면 당연히 '인간사랑'의 건학이념이야말로 순천향의 보물이라고 생각하게 될 것입니다.

순천향의 키워드, 봉사

'인간사랑'의 건학이념은 궁극적으로 지식인의 사회적 책임으로 연결됩니다. 배운다는 것은 그 자체로 사회적 배려를 전제로 합니다. 대학에 입학하고 졸업하는 것을 피상적으로 보면 지극히 개인적 행위일 뿐이라고 착각할 수 있지만 그것은 근본적으로 가능한 일이 아닙니다. 가족의 배려, 사회 구성원들의 배려, 국가의 배려 없이 단독으로 대학과 관계하는 일은 가능하지 않습니다. 이것은 인간이라는 존재가 필연적으로 하나의 사회에 속할 수밖에 없는 사정과 그 맥을 같이합니다. 문제는 그것을 인지하고 적극적으로 자신의 삶에 반영하느냐, 아니면 방관하느냐의 차이일 뿐입니다. '인간사랑'의 건학이념은 그것을 적극적으로 반영하라고 요

순천향대학교 의료봉사단

청합니다. 그러므로 순천향사람들의 봉사정신은 곧 배움의 이유일 수밖에 없는 것입니다.

순천향대학교는 많은 구성원들이 참여하는 가운데 매년 다양한 봉사활동을 국내외에서 펼치고 있습니다. 그런 활동에 참여해본 학생들은 이구동성으로 봉사의 과정에서 자신들이 더 많은 것을 배웠노라고 말합니다. 봉사란 일방적인 베풂이 아니더라는 소중한 깨달음을 얻는 것입니다. 또한, 봉사란 일상적 활동, 몸에 밴 습관처럼 되어야 한다는 점도 중요한 발견입니다.

세상은 나날이 삭막해져가고 있습니다. 사람들은 계산이 맞아 떨어지지 않으면 움직이려고도 하지 않습니다. 어느 정도의 빈곤과 소외는 어쩔 수 없는 일이라고 자위합니다. 경제적으로 여유로워진다고 말들은 하는데 사람들의 인심은 더욱 각박해질 뿐입니다. 배운 자들이 배운 것을 건강하게 활용하려고 하지도 않습니다. 물론 이런 가운데 개인은 점점 더 외진 골방으로 자신을 숨기려고만 합니다. 순천향사람들은 이러한 변화에 저항할 수밖에 없는 사람들입니다. 영악한 인상을 주지는 못할지도 모릅니다. 그러나 지속가능한 사회를 만들기 위한 노력보다 중요한 시대적 과세는 없다고 생각합니다.

향설 서석조 박사

순천향의 역사는 서석조 선생께서 시작하셨습니다. 1970년 말의 시대적 상황을 생각할 때 참으로 어려운 결정이었을 것입니다. 선생께서는 이미 당대 최고의 의사로 명성이 자자했으므로 일신의 안위만 생각했다면 굳이 병원 문을 열고 대학까지 세워서 고난의 길로 들어서지 않을 수도 있었을 것입니다. 그러나 비범한 분들의 판단력은 역시 기로에서 빛을 발하는 것인지, 선생께서는 이 나라 의료의 질을 한 단계 높이겠다는 각오로 최초의 의료법인 순천향병원을 세우고, 거기에서 한 걸음 더 나아가 진정한 의료인력을 양성하겠다는 일념으로 대학까지 세우셨습니다. 지금 순천향대학교가 서 있는 이곳이 포장도로 하나 없는 벽촌에 불과할 때의 일입니다. 지금도 그러하지만, 모두들 이름 있는 대학으로만 몰려드는 상황에서 개인이 대학을 설립한다는 것은 모험이었습니다. 선생께서 유명한 분이었다지만 성공 가능성은 극히 희박한 출발이었습니다. 그렇게 미약하게 시작한 순천향이 오늘과 같이 장성한 것입니다.

무엇이 순천향의 비약적인 성장을 가능케 한 것일까 생각할 때에 역시 서석조 선생의 도전정신과 아름다운 헌신을 언급하지 않을 수 없습니다. 무모해 보이는 도전이었지만 그 도전은 결국 한국 의료 역사의 새 장을 열었습니다. 선생의 선진적 의사정신으로 인하여 비로소 우리 의료계는 환자 중심의 의료서비스란 무엇인지 체험할 수 있게 된 것입니다. 무엇보다 감사한 것은, 오늘도 우리 순천향은 선생께서 남기신 뜻으로 올곧은 성장을 지속하고 있다는 점입니다. 순천향 문화는 그렇게 깊은 뜻에 기초하고 있기 때문에 생명력이 넘칩니다. 또, 시간이 흐르고 시대가 바뀌었지만 순천향의 가치관은 여전히 경쟁력을 유지하고 있습니다. 거대한 병원들이 속속 문을 열고 있지만 순천향병원은 인간적 온기를 간직한 병원, 아무리 까다로운 난치병이라도 포기하지 않는 병원으로 환자들의 환영을 받고 있습니다. 역시 규모 큰 대학들이 서열 경쟁에 불을 붙이며 저마다 최고의 대학임을 내세우고 있지만, 우리 순천향대학교는 '인간사랑'의 건학이념에 따라 봉사하고 실천하는 지식인을 양성하는 지식의 전당으로서 이 사회의 삭막함을 조금이나마 적셔주는 역할을 해내고 있습니다. 순천향사람들에게 있어서 서석조 선생은 여전히 생생히 살아 있는 의미인 것입니다.

순천향대학교는 지금

2010년, 순천향

건학40주년을 향하여

2010년, 순천향

1978년 개교한 순천향의과대학은 그 다음해인 1979년 9월, 물리학과 · 화학과 · 생물학과 신설을 인가받았다. 1980년에는 순천향대학으로 이름을 변경하였고, 1981년 인문과학대학, 1982년 경상대학, 1983년 공과대학, 1989년 법과대학을 차례로 신설하면서 마침내 그해 10월 종합대학교로 승격했다.

현재 순천향대학교는 6개 단과대학에 1개 학부, 36개 학과, 8개 전공을 갖춘 명실상부한 종합대학으로 성장했다. 강의동 건물 하나로 문을 열었던 순천향 캠퍼스는 이제 활용면적 13만 제곱미터 이상으로 확장되어 30여 동의 건물과 각종 시설들이 위용을 자랑한다. 이곳에서 공부하는 재학생 수는 2010년 1월 기준으로 학부생 10,386명에 대학원생 1,770명에 달한다. 개교 이후 현재까지의 누적 졸업생은 학부 35,486명에 대학원 5,074명, 그러므로 어림잡아도 무려 5만 명이 넘는 사람들이 순천향의 가족을 이루고 있다. 그들을 지원해주는 교직원들 또한 전임 · 비전임 교수가 880여 명, 직원이 270여 명에 이른다.

외부와의 교류협력도 활발해졌다. 현재 순천향대학교와 교류협정을 맺은 국내 협약기관만 총 362개에 이른다. 해외 19개국의 77개 대학과 자매결연을 맺었고, 2010년 1학기 현재 교환학생으로 해외 자매대학에 나간 본교생이 85명, 본교에 들어와 공부하는 교환학생이 108명이다. 그 외에도 본과와 한국어교육원을 합쳐 696명의 해외 유학생이 순천향 캠퍼스에서 공부하고 있다.

이제 성장궤도에 들어선 순천향에게 있어서 순천향사람들의 역량과, 그들이 맺고 있는 다양한 관계망, 그로 인한 상승효과는 무

순천향에서 한국을 공부하는 외국인 유학생들

엇보다 든든한 지원군이다. 전 세계를 무대로 우리 순천향 사람들이 수평적으로 또 수직적으로 넓히고 키워가는 네트워크는 순천향의 밝은 미래를 약속하는 가장 확실한 근거가 될 것이다.

건학40주년을 향하여

건학30주년이었던 지난 2008년을 앞두고 우리는 'SCH 3030'이라는 슬로건 아래 대학의 변화와 발전을 위해 총력전을 펼친 바 있다. SCH 3030이란 건학30주년까지 전국 대학 순위 30위 이내에 진입하자는 단기목표를 표현한 것이다. 그리고 우리는 슬로건 SCH 3030을 기어코 실현한 바 있다. 2008년 중앙일보 전국대학평가는 순천향을 종합순위 24위에 올려놓았다.

이제 순천향대학교는 30년이라는 한 세대를 넘어 새로운 역사를 만들어가고 있다. 2000년대에 들어서면서 이미 중장기적인 대학발전 로드맵을 구상하여 발표했는데, 그것이 'Unitopia 2020'이다. Unitopia 2020은 2020년까지 우리 대학(University)의 이상향(Utopia)을 건설하겠다는 의지를 담은 표현이다. 이 장기발전계획의 목표를 'IPO지표 우수 대학'으로 설정하였다. IPO란 입시경쟁력(Input), 재학생의 소속감(Process), 졸업생의 취업경쟁력(Output)의 머릿글자를 따서 만든 조어이다. 즉 IPO지표 우수 대학이란 목표는 대입 경쟁률과 재학생 중도이탈률, 졸업생 취업률을 동시에 제고하여 대학의 위상을 높인다는 의미이다.

또한, 2002년부터는 의료과학 중심의 명문대학을 목표로 하는 대학 특성화 비전을 세웠다. Unitopia 2020의 발전계획을 더욱 세부적으로 다듬은 것으로, 의료과학 분야, 디스플레이 분야, 특수교육 분야, 사회복지 분야, 글로벌 비즈니스 분야, 이렇게 다섯 개 특성화 분야를 선정하여 2014년까지 국내 10위권 내에 진입시킨다는 목표를 설정했다. 더 나아가 2020년까지는 그 중 2개 분야를 세계적 수준으로 육성시킬 계획이다.

이 목표를 달성하기 위해 순천향대학교는 다방면의 노력을 기울이고 있다. 우선 학생들의 복지를 증진하고 지역사회 및 대학 캠퍼스에 정착시키기 위해 기숙사 시설을 개선하고 있고, 2008년에는 수도권 전철 종착역을 학교 인근까지 유치하여 수도권 통학생들의 접근성을 높였다. 교육환경 개선을 위한 캠퍼스 리모델링

SCH의약바이오인재양성센터

사업도 착착 진행되고 있다.

대학 특성화를 위한 프로젝트도 활발하다. 우선 의료과학 분야의 경우, 순천향대학교 개교의 모태이기도 하여 이미 특성화를 위한 인프라가 충분히 구축되어 있다. 이 탄탄한 기반 위에 2005년에는 유비쿼터스헬스케어연구센터를 설립하여 의료산업의 선진화·미래화를 위한 길을 열었고, 2007학년도에는 의료과학대학을 신설했다. 그리고 2009년에는 광역경제산업권 인재양성사업 의약바이오 분야에 선정되는 등 의료과학 특성화 대학으로서의 위상이 더욱 확고해졌다.

디스플레이 분야의 경우, 디스플레이 산업이 순천향대학교가 입지한 충청남도 지역의 전략사업 중 하나라는 데 초점을 맞추어 특성화를 추진하고 있다. 이미 BK21사업과 누리사업의 디스플레이 분야에 선정되고 삼성전자 LCD사업부와 긴밀한 산학협력 관계를 구축하는 등의 실적을 올린 바 있는 순천향대학교는 과거의 신소재공학과의 명칭을 디스플레이신소재공학과로 변경한 이래 특성화에 더욱 박차를 가하고 있다.

특수교육 분야와 사회복지 분야는 순천향대학교의 건학이념인 '인간사랑'을 실천할 인재 양성을 목표로 한다. 특수교육 분야에서는 본교의 특수아동교육연구소와 영재교육원 그리고 타 대학 특수교육학과들과의 컨소시엄을 통해 교육과 연구, 실무가 하나로 어우러진 통합 교육과정을 운영하고 있다. 그리고 사회복지 분야는 사회복지사, 레크리에이션 지도사, 응급처치원, 케어복지사, 보육교사 등 다양한 자격증 취득을 지원하는 현장실무 위주의 교육을 통해 전문성 있는 사회복지 인재를 양성하는 프로그램을 운영 중이다.

마지막으로 글로벌 비즈니스 분야는 2007년 글로벌 비즈니스 스쿨(Global Business School)을 설립하면서 본격화되었다. GBS란 세계화 시대에 적응할 능력을 갖춘 비즈니스맨을 양성한다는 목표로 외국어 능력과 국제 비즈니스 감각을 향상시키기 위한 교육 프로그램이다. 영어, 중국어, 일본어 중심의 국제화 교육과 경영, 국제통상, 관광경영, 금융경영 등의 경영학 관련 현장실무 교육을 결합한 코스를 4개 학과에서 공동 운영하며 복수학위 프로그램과 유사하게 1개 외국어와 1개 비즈니스 실무능력을 동시에 교육하고 있다. 2004년에 확대 개편된 국제교육교류본부의 국제화 교육역량을 바탕으로 앞으로 해외학생들까지 유치하여 국제표준 비즈니스 교육과정으로 업그레이드할 계획이다.

이상 다섯 개 특성화 분야를 국내 10위권에 진입시킨다는 계획을 순천향대학교에서는 '5top10'이라는 슬로건으로 요약하여 다각도의 노력을 기울이고 있다. 그러나 SCH 3030, Unitopia 2020, 5top10 등의 슬로건이 순천향 비전의 전부는 아니다. 순천향이 진정한 명문대학으로 거듭나기 위해 가장 먼저 선결되어야 할 조건은 대학 서열이 아니다. 입시성적만 가지고 명문과 비명문을 가리는 행태는 교육의 품격만 떨어뜨린다. 순천향이 30년 역사를 기초로 장기적인 비전을 설계하려면 현재의 시스템과 고정관념에 매몰되지 않는 발상의 전환이 필요하다. 우리는 서열과 학벌 위주의 편가름에 매몰되지 않는 대학정신을 회복할 때, 즉 설립자가 주창하고 오늘의 후학들이 계승하고 있는 순천향정신을 온전히 복원할 때 순천향의 성장과 발전은 새벽의 햇살처럼 아름답고 자연스럽게 이루어질 것으로 확신한다.

순천향대학교병원의 새로운 도전

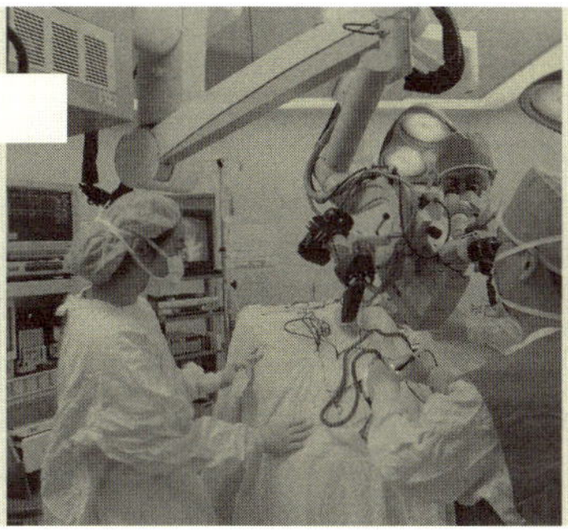

정희연 중앙의료원장

신병준 서울병원장

오천환 구미병원장

이문수 천안병원장

홍대식 부천병원장

제2의 비상을 설계하는 순천향대학교병원 중앙의료원

순천향대학교 중앙의료원장 정희연 교수

서울, 구미, 천안, 부천 등 전국 네 곳에 위치한 순천향대학교병원은 지금까지 많은 어려움 속에서도 모범적인 병원으로 성장해왔습니다. 순천향은 언제나 남들이 눈길을 주지 않는 곳에 뛰어들기를 망설이지 않았습니다. 돌이켜보면 공단으로 막 조성되기 시작한 구미가 바로 그런 곳이요, 전형적인 농촌지역이었던 천안이 그런 곳 아니었겠습니까. 덕분에 고난도 많이 겪었습니다. 그럼에도 불구하고 순천향은 오늘도 건강하게 제 할 일을 다 하고 있습니다. 하늘은 스스로 돕는 자를 돕는다고 했습니다. 앞으로도 우리 순천향사람들은 양지보다는 음지를 돌아보는 역할을 하지 않을 수 없을 것입니다. '인간사랑'의 건학이념은 그렇게 하는 것이 아름답다고 가르칩니다. 순천향의 갈 길이 그런 험한 길인 것을 굳이 억지로 바꾸고 싶지도 않습니다.

그런데 다른 분야도 그렇겠지만 의료계도 변화의 속도가 빠르고 경쟁도 치열하기 때문에 조금도 긴장을 늦출 수 없는 상황이 계속되고 있습니다. 이에 따라 최근 우리 순천향병원들도 경영을 합리화하고, 특징적인 경쟁력을 더욱 강화하기 위해 노력하고 있습니다. 물론 순천향병원은 잘 해낼 것입니다. 임직원 모두가 상황적 어려움에 공감하고 한뜻으로 화합할 수만 있다면 오히려 도약의 전기를 맞이할 수도 있다고 생각합니다. 위기는 곧 기회이기도 합니다.

앞으로 순천향대학교병원은 단순히 환자만을 치료하는 영역을 넘어 국민의 건강을 지키고 질병을 예방하는 '순천향대의료원'이라는 브랜드 이미지를 구축할 수 있도록 노력할 것입니다. 이를 위해서 각각의 병원들이 개성과 역량에 따라 지역 특성에 맞게 일을 하되, 순천향만의 개성으로 일관성을 갖추는 것이 중요하다고 생각합니다.

그래서 더더욱 우리 병원의 모든 식구들이 설립자 서석조 박사님의 '인간사랑'의 정신을 이해하고 실천하는 것이 중요합니다. 우리는 치료하고 예방하는 모든 행위의 준거로서 인간 그 자체를 차별 없이 귀하게 여기는 정신을 우리 의료원 전체에 바로 세우도록 해야 합니다. 그리고 그것을 우리 순천향을 찾는 이들 역시 알 수 있도록 해야 할 것입니다. 이 삭막한 시대에 '인간사랑'의 정신은 가장 강력한 경쟁력의 요소일 수도 있기 때문입니다.

중앙의료원도 여러 가지 지원 방안을 강구하도록 하겠습니다. 의료진들의 역량을 강화하고 경쟁력 있는 병원을 만들기 위해 진료과 및 의료진에 대한 인센티브도 강화하겠습니다. 아울러 미래 지향적인 상생의 노사문화를 확립하기 위한 노력도 게을리 하지 않을 것입니다. 무엇보다 순천향이 처해 있는 상황에 대한 공감대가 중요합니다. 먼저 해야 할 일과 나중에 해야 할 일에 대한 판단과 선택이 구성원들이 화합하는 가운데 잘 이루어져야 우리 의료원 전체의 균형 있는 발전도 가능하리라 생각합니다.

인간적 의료서비스로 차별화 지향하는 순천향대학교 서울병원

순천향대학교 서울병원장 신병준 교수

지난 2010년 4월 2일, 순천향대학교병원 개원 기념식이 있었습니다. 1974년에 향설 서석조 박사님께서 병원을 세우셨으니 어느새 36년이라는 세월이 흘렀습니다. 1978년에는 순천향의대를 세웠고, 79년 구미, 82년 천안, 그리고 2001년에는 부천에 병원을 열었으니 지금은 우리 순천향이 명실 공히 전국을 망라하는 네트워크를 보유하고 있는 것입니다.

생전에 선생께서는 대학과 병원을 '인간사랑'의 정신으로 이끄셨습니다. 이 때문에 우리 순천향은 다른 병원에 비해 사람 냄새가 많이 나는 병원이라고 생각합니다. 거대 병원들이 곳곳에 들어

서울병원

서고 있지만 순천향의 이러한 특징은 쉽게 흉내낼 수 없다는 면에서 우리 순천향 가족들이 소중하게 생각해야 할 것입니다.

병원장을 맡은 이후 경영에 있어 가장 중요한 것은 '커뮤니케이션'이라는 생각으로 일하고 있습니다. 어떤 집단이든지 커뮤니케이션에 경색이 오면 발전할 수 없을 것입니다. 그런데 일반적으로 커뮤니케이션은 위의 뜻이 아래로 내려가는 것이라 생각하는데 그것 외에도 아래에서 위로의 커뮤니케이션과 수평적인 커뮤니케이션이 있다고 생각합니다. 이 세 가지가 모두 원활하게 이루어져야 하나의 조직이 발전할 수 있는 것입니다. 또한, 자기 일이 무엇이든, 지위가 무엇이든 나 자신이 솔선수범하는 것이 중요합니다. 이는 원장은 물론이요 직원한테도 해당되는 것이라고 생각합니다.

병원의 역사를 돌아보면 36년 전 우리 순천향병원은 그야말로 최고의 명품 병원이었습니다. 당시 규모는 크지 않았지만 우리 병원에 대해서는 항상 '제일 좋은 병원'이라는 칭찬이 뒤따르곤 했습니다. 지금은 곳곳에 더 크고 시설 좋은 병원들이 생기고 있고,

그에 따라서 순천향의 입지에도 변화가 있는 것이 사실입니다.

그렇지만 우리 병원이 옛날에 가지고 있던 위상을 다시 찾는다는 것이 꼭 규모와 시설을 최고 수준으로 높여야 가능한 것은 아닐 것입니다. 그렇기 때문에 임기 중에 우리 병원을 진정한 명품병원으로 만드는 것이 꿈이고, 그렇게 될 수 있다고 믿는 것입니다. 우선은 2년 안에 국제병원평가위원회(JCI) 인증을 받을 계획입니다.

JCI에서 중요하게 생각하는 것은 환자의 안전입니다. 환자의 안전에 대한 인식이 돼 있느냐, 이를 실천할 수 있는 프로토콜이 있느냐가 중요합니다. 물론 시설 투자도 중요합니다.

앞으로 모든 병원들이 특성화에 힘을 쏟을 것으로 생각합니다. 우리도 강점을 보이고 있는 소화기센터, 일반외과 등에 적극적인 투자를 할 생각입니다. 여기에 순천향 특유의 인간적인 의료서비스가 덧붙여진다면 앞으로도 우리 순천향병원은 이 사회에 꼭 있어야 할 특별한 병원으로 인정받을 것입니다.

안정을 넘어 도약을 추진하는 순천향대학교 구미병원

순천향대학교 구미병원장 오천환 교수

순천향대학교 구미병원은 2009년으로 개원 30주년을 지났습니다. 어느새 23개 진료과, 400병상 규모의 병원으로 성장한 구미병원은 그동안 축적된 경험과 역량을 바탕으로 구미의 거점병원으로서 한층 업그레이드된 역할을 수행하고자 합니다. 지금은 안정을 넘어 도약할 때라고 생각합니다.

다행히 병원 사정도 조금씩 호전되고 있습니다. 1차적인 경영목표를 '홀로서기'로 생각했는데 취임 첫해에 그 목표를 달성한 것입니다. 특히 2009년에는 환자 수와 수익에서 개원 이래 최고의 성과를 거두었습니다. 우리 임직원들은 이번 결과를 통해 더 큰 자신감을 갖게 되었습니다.

1979년 개원 이후 지역주민과 공단 근로자의 건강을 최일선에서 책임진다는 각오로 일해왔지만 섬유업 사양화 등으로 구미공단 기업들이 어려움을 겪으면서 구미병원도 경영에 많은 어려움을 겪은 것이 사실입니다. 그러나 오랜 노력 끝에 상황이 호전되었고, 또 병원의 학교법인화는 도약을 위한 계기로 작용하기에 충분했습니다. 앞으로 구미병원은 의료진 보강과 더불어 진료시간 준수, 퇴원예고제, 선택진료제 등을 통해 의료서비스의 질을 한층 높일 생각입니다.

또 위장내시경, 심혈관조영기, 안구 CT 등 첨단 의료장비를 도입하는 한편, 외래 냉방시설 보수, 소화기센터 확장, 신종플루에 대한 적극적인 진료 등으로 지역주민들의 신뢰를 쌓아나갈 것입니다. 대대적인 병원 리모델링 작업을 통해 병원을 찾는 모든 이들의 만족도를 높일 것입니다.

병원도 개혁이 필요합니다. 그런데 개혁을 제대로 해내기 위해서는 구성원 모두가 납득할 수 있어야 합니다. 구미병원은 이를

구미병원

위해 원칙과 규칙을 확립하는 한편, 위원회를 활성화해 직원들이 혁신적인 마인드를 가질 수 있도록 지원하고 있습니다. 이러한 노력이 있었기 때문에 구조조정과 경영평가 등 강도 높은 개혁 추진이 가능했던 것이라고 생각합니다.

이제 30년간 축적한 역량을 발판으로 새로운 도약을 향해 정진해야 할 때입니다. 구미병원은 이를 위해 중간관리자의 책임을 강화하고 있습니다. 병원의 실질적인 중심축인 부서장에게 많은 권한을 주어 체계적인 운영이 가능하도록 할 것입니다. 물론, 우리 병원이 좋은 병원은 물론이요 더 좋은 직장이 될 수 있도록 지원할 것입니다. 병원이 '신나는 일터'가 될 때 근무 의욕이 향상되고, 자연스럽게 친절한 서비스도 제공할 수 있는 것이라고 생각합니다.

또한, 우리가 '인간사랑'을 실천하는 순천향 가족이라는 것을 항상 기억하기 위해서라도 매월 사회복지시설이나 무의촌을 찾아 무료 진료를 실시하는 등 소외된 이웃을 위한 의료봉사를 지속할 것입니다.

최종 거점병원으로 도약하는 순천향대학교 천안병원

순천향대학교 천안병원장 이문수 교수

28년 동안 지역의 중추적 의료기관으로 역할을 다해온 순천향대 천안병원은 2010년 들어 새로운 전기를 맞고 있습니다. 우리는 올 한 해 200억 원이 넘는 시설 투자를 통해 암센터를 설립하고 응급실과 소화기병센터를 확장한다는 의욕적인 계획을 세우고 있습니다. 아울러 병원을 찾는 고객들을 위한 서비스를 확대하기 위해 다양한 준비를 하고 있습니다.

특히, 120억 원 상당의 최신 방사선 암치료기가 도입될 경우 중부권에서 가장 앞선 암 치료 역량을 갖추게 됩니다. '노발리스 래피드 아크'라는 이 방사선 암치료기는 사이버나이프와 토모테라

천안병원

피 기능을 모두 갖추었습니다. 국내에서는 두 번째 도입이고, 성능 면에서는 최고 수준을 자랑합니다. 앞으로 우리 지역의 암 환자들이 첨단 치료를 받기 위해 굳이 서울로 갈 필요가 없게 될 것입니다.

또한, 천안병원은 지금 '2010 고객감동 프로젝트'를 진행하고 있습니다. 아무리 좋은 시설과 장비를 갖추더라도 고객인 환자에게 감동을 주지 못하면 소용이 없다고 생각합니다. 향설 서석조 박사께서는 의료진과 직원들에게 그 점을 늘 강조하셨습니다. 환자들은 규모가 조금 작거나 시설이 오래되었다고 해서 발길을 돌리지는 않습니다. 그러나 의료진이 불친절하다면 망설임 없이 다른 병원을 찾게 될 것입니다.

저 역시 병원장 직을 맡고 있지만 1년에 300회 정도의 수술을 해내고 있습니다. 주말과 휴일에는 수술이 없으니 하루에 1회 이상 하는 셈입니다. 그런데 제주도에서도 수술을 받기 위해 오는 환자들이 있습니다. 그렇게 먼 길을 마다하지 않고 찾아오는 환자들이 고마운 것도 사실입니다. 그런 이들을 실망시키지 않기 위해서는 의료진의 마음가짐이 특별해야 한다고 생각합니다. 우리 천안병원의 가족들과 함께 이런 생각을 공유하기 위해 노력하고 있습니다. 그런 면에서 다른 병원들을 능가할 수 있는 우수한 잠재력이 우리 순천향에는 분명히 있다고 생각합니다.

또한, 저는 개인적으로 영광스럽게도 순천향대 의대를 졸업한 후 원장의 자리에 오른 첫 주자입니다. 막중한 책임감을 느낍니다. 지금은 우리 병원이 크게 변할 수 있는 기회라고 생각합니다. 시급한 투자 문제는 지금 진행 중이니 남은 것은 임직원들의 마음가짐일 것입니다. 직원들에게 행복한 직장이 되도록 최선을 다하겠습니다. 최상의 서비스는 마음에서 우러나와야 가능하다고 생각합니다. 작은 일도 가볍게 처리하지 않는 성의 있는 병원이 되도록 모두 함께 노력하겠습니다.

천안병원은 '인간사랑'을 실천하는 최종 거점병원이 될 것입니다. 더는 지역주민들이 치료를 위해 상경하지 않도록 하는 것이 천안병원의 목표이자 제 개인적인 소망입니다.

지역의 명품 병원으로 성장한 순천향대학교 부천병원

순천향대학교 부천병원장 홍대식 교수

2010년으로 개원 9년째를 맞이한 부천병원은 그동안 실로 많은 변화와 발전을 이루었습니다. 우선 외형적으로는 2001년도에 620여 병상 규모에 70여 명의 교수로 진료를 시작했는데 지금은 900여 병상에 160여 명의 교수가 월평균 1,400건 이상의 수술을 감당하고 있습니다.

부천병원이 지금까지 거둔 여러 가지 성과를 자랑하고 싶습니다. 2001년에는 국가로부터 폐 및 호흡기 질환 유전체 연구센터로 지정되었고, 2002년 장기이식의료기관 지정과 경인지역 최초 인공와우이식 수술 성공, 2005년 부천 지역 최초 비혈연간 골수이식 성공, 2006년 국내 최초 위암의 복강경위절제 수술 시연,

부천병원

2007년 부천 지역 최초 간이식 성공, 2009년 타인종 비혈연간 공여자를 이용한 조혈모세포이식 성공 등 그간의 실적은 일일이 다 소개할 수 없을 정도입니다.

요즘은 위암, 대장암, 췌장암, 폐암, 여성암 등 5대 암센터를 오픈할 계획으로 많은 준비를 하고 있습니다. 앞으로 지역주민들께서는 최적의 치료를 받는 것은 물론이요 방문 후 7일 이내에 수술이나 항암 치료 여부를 결정할 수 있는 신속한 시스템을 경험하게 될 것입니다.

병원 공간에도 변화가 있을 것입니다. 현재 별관 남측에 증축을 하고 있는데 내년 초에 완공이 되면 환자들의 편의가 크게 증대될 것입니다. 또한, 최근 검사실 자동화 시스템(Total Laboratory Automation, TLA)을 재구축했습니다. 2001년 병원 개원 때부터 검사실 자동화 시스템을 국내에서 여섯 번째로 구축하여 성공적으로 운영해오고 있는데 현재는 국내에서 가장 우수한 자동화 검

사실 중 하나로 자리매김했다는 평가를 받고 있습니다.

순천향 부천병원은 부천 지역 및 국제적인 의료봉사에도 적극적으로 나서고 있습니다. 캄보디아 의료봉사로 잘 알려진 한캄봉사회의 경우 2002년에 처음 시작해서 2009년 제8차 의료봉사에 이르기까지 2만여 명의 캄보디아 환자를 현지에서 진료하였고, 수술도 500여 회에 걸쳐서 진행한 바 있습니다. 무료 심장병 수술을 통해 22명의 캄보디아 어린이들에게 새 생명을 찾아준 미담은 언론을 통해 널리 알려지기도 했습니다. 물론, 부천과 인근 지역의 주민들을 위한 대대적인 의료봉사 활동도 매년 지속하고 있습니다.

부천병원은 무엇보다 우리 부천 시민이 자랑스러워할 만한 명품 병원이 되기 위해 노력하고 있습니다. 또한, 서석조 박사님의 뜻을 좇아 더욱 아름다운 의료서비스를 제공할 수 있도록 노력할 것입니다. 환자가 완전한 믿음으로 자신을 맡길 수 있는 병원이 되겠습니다.

부록

순천향史 1972~2010

순천향대학교의 구성

순천향대학교 부속병원

부록 1 순천향史 1972~2010

1972 1973

1972년에 서석조 박사는 서울특별시 용산구 한남동 657번지에 병원 건립부지를 마련, 그 다음해 4월 순천향병원 본관 신축공사를 시작했다. 당시 한남동 지역은 아직 개발이 진행되지 않은 서울 외곽에 해당했지만 경부고속도로 종착지였기 때문에 지방 환자들이 찾아오기 쉽다는 이점도 있는 곳이었다. 1973년 12월에는 보건사회부로부터 국내 최초의 의료법인 순천의료재단 설립을 허가받았다(보사부 제1720호).

1974

1월, 의료법인 순천의료재단 초대 이사장으로 서석조 박사가 취임했다. 그리고 5월 6일에는 본관을 준공하고 드디어 진료를 시작했다. 병원장은 김학현 박사, 부원장은 유훈 박사가 맡기로 했다. 7월 6일에는 역사적인 병원 개원식이 있었다. 그 이틀 뒤 학교법인 동은학원 설립을 위한 창립총회를 개최했고, 8월에는 충청남도 아산군 신창면 읍내리 일대 2만 5천 평을 학교부지로 매입했다. 주변 사람들은 대학이 들어서기에는 너무 외진 곳이라고 걱정했지만 서 박사는 바로 이런 곳이야말로 대학이 있어야 할 곳이라고 주장했다. 10월에는 보건사회부로부터 전문의 양성 수련병원으로 지정되었고, 12월에는 국방부로부터 군 전문의 요원 양성병원으로 지정되었다. 모든 일이 일사천리로 진행되었다.

순천향병원 본관

1975 1976

순천향병원은 1975년 4월, 군소요 지정병원으로 국방부 지정을 받았고, 6월에는 보건사회부로부터 의료기사 수습기관으로 지정받는 등 공익을 위한 병원으로서 발돋움을 해나갔다. 이듬해인 1776년 3월에는 산업의학연구실을 설치하여 급속도로 산업화하는 사회에 필요한 병원이 되기 위한 노력을 계속하였다. 산업의학연구실의 초대 실장으로는 홍종관 박사가 취임했다. 같은 해 6월, 김학현 박사가 병원장으로 유임되었다.

1977

5월, 의료사각지대인 충남 서산에 보건의료사업소를 개소했다. 서산 보건의료사업소의 초대 원장에는 김현광 선생이 취임했다. 6월에는 민

서산보건의료사업소 개소식

광식 박사가 주축이 되어 설치된 암 연구소가 활동을 시작했다. 개원 4년째를 맞이한 순천향병원은 조금씩 공간의 부족을 느끼기 시작할 만큼 많은 환자가 몰려 병동 증축이 절실했다. 그리하여 6월 18일 지하 1층, 지상 8층, 연건평 2,800평, 200병상 규모의 별관 건축 기공식을 가졌다.

1978

마침내 서석조 박사의 숙원이었던 순천향의과대학 설립 인가가 떨어진 것이 1월 14일이다. 이날 문교부로부터 학교법인 동은학원 설립과 의예과 80명 모집에 대한 인가가 나온 것이다. 학교법인 동은학원이 세워지면서 기존의 의료법인 순천의료재단은 해산하였고, 2월에는 순천향 중앙의료원이 설치되어 서석조 박사가 초대 중앙의료원장으로 취임했다. 또한 순천향병원 3대 병원장으로 부원장이었던 유훈 박사가 취임하는 등 병원 조직이 개편되었고(부원장에는 허경발 박사 취임), 병원 이름도 순천향병원에서 순천향의과대학 부속 순천향병원으로 바꾸었다. 순천향의과대학의 초대 학장에는 서석조 박사, 부학장에는 홍종관 박사가 취임했다. 이렇게 기구를 갖춘 뒤 3월 15일, 순천향의과대학 제1회 입학식이 아직은 바람이 쌀쌀한 신창벌에서 열렸다. 아직 대학 건물이 제대로 완공되지도 않은 상태에서, 그저 장차 중부권의 보건의료 사업을 책임지겠다는 큰 꿈만 품은 채로 치러진 입학식이었다. 정작 의

순천향대학 최초의 건물인 의과대학 실습관

과대학 실습관이 준공된 건 7월이었다.

7월 15일 순천향병원에서는 모자보건연구소를 설치하여, 우리나라 여성 및 아동의 건강관리에 한 획을 긋는다. 11월에는 서산보건의료사업소가 증축되어 삼화의원으로 개원했다. 삼화의원의 보건의료사업은 우리나라 최초로 지역주민들의 자발적인 지역의료보험을 통한 보건사업이었다. 12월에는 순천향병원 별관 병동이 준공되었다.

1979

4월에 순천향의과대학 대학본부, 6월에 기숙사가 준공되었다. 9월에는 의예과 외에 물리학과, 화학과, 생물학과 신설을 인가받았다. 이제 의과대학만이 아니라 일반 학부까지 갖춘 대학으로 발돋움하기 시작한 것이다. 한편 9월 26일에는 순천향 구미병원이 개원하였다(병원장 김정완 박사). 당시 구미는 전자공업에 중점을 둔 구미공업단지가 한창 조성되면서 인구가 급증하고 있었으나 종합병원이 부족한 또 한 곳의 의료사각지대였다. 250병상 규모로 진료를 개시한 구미병원은 공단 근로자들의 건강을 관리하여 공단 각 산업체의 생산성 향상에도 이바지한다는 막중한 책임을 지고 있었다.

1980

순천향의과대학은 1월에 해부 · 병리학관을 준공하고 3월부터 물리학과, 화학과, 생물학과를 추가한 순천향대학으로 새출발했다. 순천향대학의 2대 학장으로는 홍종관 박사가 취임했다. 한편 순천향병원은 2월에 처음으로 10명의 전문의를 배출하는 쾌거를 올렸고, 4대 병원장에 허경발 박사, 부원장에 이인수 박사가 취임했다.

1981

3월에 수학과, 국어국문학과, 독어독문학과가 신설되었다. 6월에 이학부 교사가 준공되고 8월에는 학생생활연구소가 개소했다. 10월에 3대 학장으로 취임한 오선환 박사는 의사 출신이 아닌 첫 번째 학장이었다. 기업체 사장과 각종 사회경제단체장을 역임한 경륜이 풍부한 학자로서, 순천향대학이 종합대학 순천향대학교로 변신하기 위한 토대를 놓는 데 중요한 역할을 했다. 11월 순천향병원에서는 별관에 이어 지하 1층, 지상 3층, 연건평 340평 규모의 신관을 완공하여 학생 강의실 및 외래 진료실로 사용하기 시작했다. 12월, 서석조 박사가 의학 발전에 이바지한 공로를 인정받아 국민훈장 동백장을 받았다.

1982

3월에 경영학과가 신설되었고, 6월에는 도서관이 준공되었으며, 8월에는 어학실습실이 설치되었고 12월에는 시청각교육연구소가 개소했다. 순천향병원에서는 5월에 5대 병원장에 이인수 박사, 부원장 조태호 박사가 취임했고, 7월에 14개 진료과, 150병상의 천안병원이 충남 서북부 지역 유일한 종합병원으로서 개원하였다(병원장 김학현 박사). 그 당시 충청권에는 이렇다 할 종합병원이 없어 응급환자나 중환자들의 고충이 컸다. 주변이 과수원이었던 천안시 봉명동 23번지에 들어선 천안병원은 그리 큰 규모는 아니었지만 지역사회의 기대와 환영만큼은 어느 대형 병원보다 열렬했다.

1983

4대 학장에 허금 박사가 취임했다. 3월에는 경제학과가 신설되고 학군사관후보생교육단(ROTC)이 설치되었다. 10월에는 문교부로부터 대학원 설치를 인가받았다. 깊이 있는 학술연구와 진리 탐구의 장인 대학원 설립을 통해 순천향대학은 대학으로서의 틀을 갖추고 한 단계 도약하게 되었다.

1984

전산학과, 체육학과가 신설되었다. 1월에는 대학원 신입생 선발시험이 치러졌고, 2월 24일 첫 학위 수여식이 거행되었다. 이 제1회 졸업식에서는 의학사 54명, 이학사 63명이 순천향 졸업생의 이름으로 사회에 첫 걸음을 내디뎠다. 3월에 문을 연 대학원의 초대 대학원장으로는 허경발 박사가 취임했다. 대학원은 의학과, 물리학과, 화학과, 생물학과 등 4개 과에 석사과정 정원 20명으로 출발했다. 8월에는 순천향 음성병원이 개원했다. 의료보험제도의 공급이 제대로 이루어지지 않고 의료서비스가 낙후되어 있던 충북 음성 지역에 80병상 규모의 종합병원을 개설, 이후 13년간 지역의 보건복지 발전에 기여하게 된다. 9월에는

순천향의대
1회 졸업생들

전자계산소를 개소했고, 11월에는 종합대운동장이 개장되어 대학 스포츠 발전에 이바지할 수 있게 되었다.

1985

무역학과가 신설되었고, 개교와 함께 창간된 대학신문 〈향록학보〉가 3월 30일 제44호부터 〈순천향대학보〉로 개명되고, 한자로 되어 있던 제호도 한글쓰기로 바뀌었다. 5월에 캠퍼스에 노천극장이 준공되어 대학생활의 즐거움이 하나 더 늘었다. 7월에는 순천향병원 한국모자보건센터가 준공, 개원하였고(초대 소장 유훈 박사), 8월에는 문학보 교사가 준공되었다. 9월에는 의과대학생들의 교육 환경을 개선하기 위한 임상교육관이 준공되었다. 10월에 순천향의과대학 부속 순천향병원이 순천향대학병원으로 개창되었고, 12월에 성인병연구소와 종합건강진단센터가 발족했다.

1986 1987

1986년에 식품영양학과가 신설되었다. 2월의 학위 수여식에서 최초로 석사학위 수여식이 거행되어 15명의 석사가 배출되었다. 이듬해인

1987년에 전기공학과와 전자공학과가 신설되었고, 순천향대학 5대 학장으로 서석균 박사가 취임했다. 서석균 박사는 설립자 서석조 이사장의 동생이자 물리학과 교수로서 1985년부터 부학장에 재직했다. 서석균 학장의 재임기간 중 순천향대학은 종합대학으로 승격하였으므로, 이후 그는 초대 총장을 역임하게 된다. 11월에는 대학도서관 증축 공사가 이루어져 열람실이 확충되었고, 순천향 천안병원에 의학부 건물이 준공되었다.

1988

정보통신학과와 환경보건학과가 신설되었고, 지난해에 천안병원에 의학부 건물을 완공함에 따라 의과대학 본과 1, 2학년이 천안교사로 이전하였다. 11월에는 특수대학원으로 지역사회개발대학원을 새로 설치하여 수산자원개발학과와 산업환경보건학과에 각각 60명씩의 정원을 인가받았고, 12월에는 실내체육관을 준공했다. 평소 학생들에게 스포츠 활동을 권유하던 서석조 박사는 실내체육관의 완성을 무엇보다 기뻐했다.

1989 1990

1989년에 중어중문학과, 법학과, 유전공학과가 신설되었고, 1990년에는 아동학과, 전산통계학과, 화학공학과, 제어계측공학과가 신설되었다. 이와 함께 순천향대학교는 종합대학 승격이라는 성과를 올린다. 1989년 10월 28일부로 교육부 인가를 받았고, 1990년 서석균 학장이 종합대학 순천향대학교의 초대 총장에 취임함으로써 순천향은 의과대

마지막 진료를 마친 서석조 박사(오른쪽)

학으로 개교한 지 12년 만에 종합대학 승격의 큰 목표를 달성했다. 서석균 총장은 취임사에서 "정부에서 추진 중인 서해안 개발에 대비하여 그 인적 자원을 공급하는 역할을 맡을 곳이 오직 이 순천향대학교"라고 대학의 역할을 확정했다. 이해 3월 30일, 서석조 박사는 40년 인술을 마감하는 마지막 진료를 했다. 10월 5일, 순천향대학교는 미국 토머스제퍼슨대학교와 자매결연을 맺고 국제교류라는 새로운 도전을 시작했다.

1991 1992

1991년에 사회체육학과를 신설했다. 2월에 대학본부, 인문사회과학관, 공학관, 선수 기숙사, 여학생 기숙사를 준공하며 외형적으로도 종합대학에 어울리는 면모를 갖추었다. 1992년 5월에 순천향대학병원을 순천향대학교 의과대학 부속병원으로 개칭하였다.

1993

자치행정학과와 간호학과가 신설되었다. 2월 28일, 2대 총장에 조태호 박사가 취임했다. 조태호 박사는 교수들의 선거를 통해 선출된 최초의 총장으로서 초대 서석균 박사의 급병으로 1992년부터 총장 집무대행을 맡아오다가 정식 총장으로 선출된 것이다.

1994

신문방송학과와 금융보험학과가 신설되었다. 2월 21일자로 순천향대학교는 세계대학총장협의회(IAUP)에 가입하며 국제무대에 등장했다. 3월에는 출판부와 인문과학연구소 및 아산산업연구소가 설치되었고, 7월에는 순천향대학교 의과대학 부속병원 개원 20주년 기념행사가 올림픽 체조경기장에서 전 교직원이 참가한 가운데 성대하게 치러졌다.

1995

관광경영학과와 사회복지학과가 신설되었다. 3월에 아산산업연구소를 사회과학연구소, 기초의학연구소를 순천향의학연구소로 명칭을 변경했다. 5월에는 21세기를 대비한 교육시스템을 갖춘다는 취지하에 외국어교육원과 전산정보교육원을 설치했다. 1995년은 대학의 연구역량을 발휘할 수 있는 연구기관의 신설에 박차를 가한 해이기도 했다. 6월에 소화기연구소, 7월에 임해자원개발연구소(충남 태안군), 8월에 임상분자생물학연구소가 잇달아 문을 열었다. 9월에는 교내 LAN 통신망을 설치 개통하여 대학 정보화를 이룩했고, 10월에는 교육대학원을 신설했다.

1996

자원과학부가 신설되었다(수산자원학 전공, 식물자원학 전공). 8월에는 순천향대학교 인터넷 홈페이지가 구축되어 온라인상에서의 소통이 본격적으로 이루어지기 시작했고, 건축가 승효상의 설계로 향설기념중앙도서관이 준공되었다. 10월에는 한국대학교육협의회의 대학평가 결

향설기념중앙도서관

과 의학과 학부와 대학원 공히 우수 평가를 받았다. 10월 31자로 순천향대학교는 중국 산둥대학 및 산둥사범대학과 학술협약을 체결했고, 이어 11월 14일에는 미국 미시건과학기술대학교와도 학술협약을 체결하며 활발한 국제교류 행보를 이어갔다.

1997

연극영화학과, 특수교육전공, 기계공학과, 건축학과가 신설되었고, 제3대 총장에 전 교육부 차관 출신인 이천수 박사가, 부총장에 서교일 박사가 취임했다. 이천수 총장은 취임사에서 순천향 Unitopia의 건설이라는 장기적 비전을 제시하였다.

5월 22일 미국 스티븐포인트 위스콘신대학교와 자매결연을 맺었고, 9월에는 ㈜SK텔레콤과 산학협정을 체결했다. 10월 30일에는 몽골 울란바토르대학과 학술협약을 체결했다.

11월에 반도체설계교육센터 IDEC Working Group에 선정되었고, 12월에는 정보통신부 지원 '대학내 정보통신 창업지원센터'에 선정되어 10개 기업이 입주했다.

1998

경찰행정학전공과 경영학과 야간부가 신설되었다. 1998년은 개교 20주년을 맞은 순천향대학교의 대외적 위상이 한껏 높아진 해이기도 하다. 3월에는 순천향대학교 의과대학 부속병원에 소화기병센터를 개소(초대 소장 심찬섭 박사)했고, 4월에는 순천향대학교 출판부가 교육매체제작센터로 확대 개편되었다. 6월에는 가상대학(Open Cyber University) 운영본부가 개소했으며, 중소기업 창업보육센터 사업자로 지정되었다. 7월에는 한국생산성본부와 산학협력 약정을 체결했다. 8월 10일에는 중국 항저우대학교와 학술 교류협정을 체결했고, 9월에는 대학 부설 사회교육원을 개원했다. 10월 8일에는 미국 하와이퍼시픽 대학교와 교육협약을 체결했다. 10월 12일에는 산학연 지역 컨소시엄 최우수 대학으로 선정되어 대통령 표창을 받았다.

1999

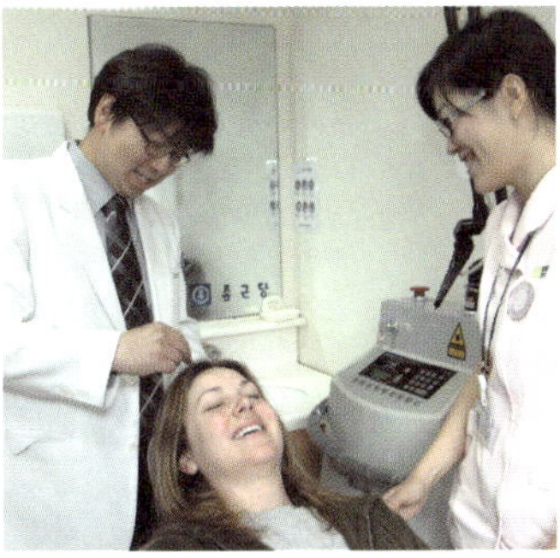
외국인 진료소

2월에 순천향대학교 의과대학 부속병원에서는 외국인 진료소가 문을 열었다. 우리 사회가 국제화되고 국내에 거주하는 외국인이 늘어남에 따라 병원을 찾는 외국인의 수도 증가하게 되어 외국인 환자에게 맞는 의료서비스가 필요해진 것이다. 4월 28일, 순천향대학교는 교육부로부터 '교육개혁추진 우수 대학'에 선정되었고, 7월 1일에는 정보통신부로부터 전자상거래소프트웨어 연구센터에 선정되었다. 8월 3일에는 중소기업청 지원으로 인터넷 창업보육센터를 설립했다. 8월 31일에는 교육부의 두뇌한국21(BK21) 사업 재정지원 대상 대학으로 선정되기도 했다. 10월에는 순천향대학교 의과대학 부속병원에 심장센터를 개소하고 권영주 박사가 초대 소장에 취임했다. 11월에는 미국 인카네이트워드대학교와 학술협약을, 한국생산기술연구원과 학술협약을, 미국 미시건과학기술대학교와 학술협약을 차례로 체결했다. 12월에는 특허청 지원 특허넷 시범대학교에 지정되고 산업자원부로부터 지역기술혁신센터(TIC)에 선정되는 등 활발한 대외활동이 이어졌다. 12월 19일 순천향병원과 순천향대학교의 설립자 향설 서석조 박사가 영면에 들었다.

2000

2월 1일, 미국 하와이 토카이국제대학과 학술협약을 체결했다. 2월 8일에는 정보통신부에 의해 대학 내 정보통신 창업지원센터 우수 센터로 선정되었다. 3월에는 순천향대학교 의과대학 부속병원의 무수혈센터가 개소했다.

5월에는 중소기업청으로부터 해양수산 창업보육센터로 선정되었고, 한국정보보호센터와 학·연협동연구 '석·박사 학위과정 설치를 위한 약정'을 체결했다. 7월에는 코리아나화장품과 협력하여 순천향-코리아나 피부과학연구소를 개소했고, 8월에는 순천향대학교 기초과학연구소가 교육부로부터 이공계 대학부설연구소 기자재 첨단화 사업평가

우수 연구소에 선정되었다. 8월 30일 순천향대학교는 한국과학재단에 의해 2000년도 연구기관 연구관리 평가 A등급을 획득했고, 9월에는 교육부에 의해 2000년도 '교육개혁추진 우수 대학'에 선정되었다.

2001

2월 1일, 부천병원이 진료를 개시했다(24개 진료과, 169병실, 허가병상 541병상). 부천병원이 입지한 중동 지역은 1990년대 후반 이후로 급격히 발전하고 있는 신도시로서, 1998년 부천 지역의 병상당 인구 분포수는 432.2로서 당시 서울병원의 병상당 인구수 172.0을 크게 상회하고 있었으며 앞으로 인구 증가가 계속될 전망이라, 이후 순천향 부천병원은 3차 의료기관이자 대학병원으로서 이 지역 의료계에 중추적 역할을 하게 되리라 예상되었다.

3월에 순천향대학교 제4대 총장으로 서교일 박사가 취임했다. 서교일 총장은 설립자 서석조 박사의 장남으로서, 1993년부터 순천향대학교 중앙의료원 기획조정실장으로 순천향에서의 업무를 시작했으며, 1997년 초대 부총장으로 취임하여 3대 이천수 총장과 함께 제2의 건학운동을 이끌었다. 이후 5대 총장직을 연임하며 8년간의 총장 재임기간 동안 순천향대학교를 명실상부한 중부권 신흥명문으로 도약시켰다.

4월에 순천향대학교는 독립기념관과 상호협력 협정을, 한국생명공학연구원과 학술 · 연구 교류협정을 체결했고, 5월에 현대자동차 아산공장과 상호협력 협약을 체결했다. 8월에는 2001년도 교육인적자원부에 의해 3년 연속 '교육개혁추진 우수 대학'으로 선정되었다. 9월에는 국립환경연구원과 상호협력 교류협약을 체결했고, 산업자원부 지원

2001년도 트레이드인큐베이터센터에 선정되었으며, 정보통신부 지원 2001년도 해외 우수 IT교육기관 파견연수사업에도 선정되었다. 10월에는 미국 포틀랜드주립대학교와 학술 · 연구 상호협력 교류협약을, 중국 톈진외국어대학과 학술 교류협약을 체결했다. 11월에는 온양민속박물관과 학술연구 교류협약을, 한국정보통신공사협회와 산학협력 협약을 체결했다.

2002

2월에 정보통신부 지원 'IT학과 장비지원사업'에 선정되었고, 한국소프트웨어진흥원과 교류협정을 체결했다. 3월에는 중소기업청 지원 2002년도 '창업보육센터 확장지원사업'에 선정되었다. 3월 9일 순천향대학교 의과대학 부속병원의 진료협력센터가 개소하여 협력병원들과의 연계를 강화했고, 초대 소장 심찬섭 교수가 취임했다. 5월에는 과학기술부 지원 2002년도 '지역협력연구센터(RRC)'에 선정되었고, 철도청과 학술정보 · 시설 · 교육 · 고객 유치 등에 관한 상호협력을 체결하였으며, 전자부품연구원과 상호협력에 관한 협정을 체결했다. 6월에는 정보통신부 지원 2002년도 '해외 우수 IT교육기관 파견교육사업' 수행기관에 선정되었다.

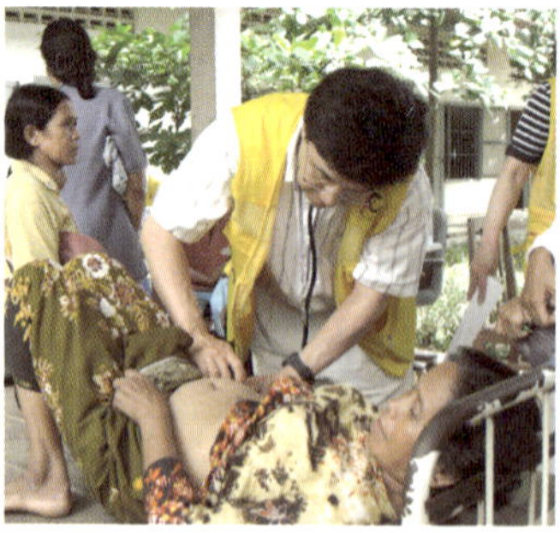
캄보디아 현지의 서교일 이사장

8월에 순천향 부천병원은 제1차 캄보디아 의료봉사 활동을 실시한다. 이후 부천병원 의료진은 해마다 8월이면 대규모 의료봉사단을 캄보디아에 파견, 봉사활동을 전개하고 있다. 총장 서교일 박사 역시 캄보디아 의료봉사에 적극적으로 참여하고 있으며 2005년에는 캄보디아 국가재건훈장까지 받았다. 9월에 순천향대학교는 세계 최초로 통학열차를 이용한 이동강의를 개설했다. 재학생 중 수도권 학생들의 비중이 75퍼센트를 차지하는 학교 특성을 감안하여, 수도권 학생들의 통학시간을 수업시간으로 활용한다는 발상에서 개설한 열차강의는 큰 화제를 불러일으켰다.

잉글리시 빌리지도 9월부터 설치되었다. 글로벌 순천향의 성공사례로 손꼽히는 잉글리시 빌리지는 한국인 재학생과 외국인 유학생이 함께 생활하며 국제적 감각을 자연스럽게 체득할 수 있도록 하는 국제화 기숙사로서 지금도 인기를 끌고 있다. 10월에 러시아자연과학아카데미와 학술 교류협력 의향서를 체결했고, 11월에는 ㈜우영과 산학협동 합작법인설립 양해각서를 체결했으며, 해군사관학교와도 학술 교류협력을 체결했다. 또한 교육인적자원부 지원 2002년도 '지방대학육성재정지원사업'에 선정되었고, 중국 설상여유직업학원과 학술 교류협정을 체결했다. 12월, 순천향 Unitopia 2020 종합비전계획을 수립, 선포했다. Unitopia 2020은 2020년까지 우리 대학(University)의 이상향(Utopia)을 건설하겠다는 대학의 중장기 발전계획이다.

2003

2003년부터 순천향중앙의료원 산하병원 개원기념일을 4월 2일로 통일했다.

5월에 일본 동경전기대학과 학술 교류협정을 체결했다. 문화관광부 지원 2003년도 '문화콘텐츠 특성화 교육기관(장비) 지원사업'에 선정되었고, 6월에는 중소기업청 지원 2003년도 '중소기업협력단' 시범운영기관으로 선정되었다. 7월에는 교육인적자원부 지원 '지방대학육성재정지원사업'에 선정되는 등의 성과를 올렸다. 영국 허더스필드대학교, 영국 웨스트오브잉글랜드대학교, 미국 버지니아 폴리테크닉 주립대학교, 미국 하와이대학교, 캐나다 랭가라대학, 중국 영파대학과도 연달아 교류협정을 체결했다. 12월 18에는 'BK(두뇌한국)21사업' 우수 대학으로 교육인적자원부장관 표창을 받았다.

2004

2월에 산학협력단을 설치하여 기업체와 대학 간의 긴밀한 교류협력에 박차를 가했으며 캐나다 빅토리아대학교와 교류협정을 체결했다. 또한 정보통신부 지원 2004년도 'IT학과 교과과정개편지원사업'에 선정되었다. 3월, 순천향대학교병원에서는 광역의료정보 시스템(WAMIS)을 시행하고, 사회사업과를 신설했다. 3월 16일에는 2002년부터 시행해온 캄보디아 의료봉사를 조직화하여 비영리 민간단체 한캄봉사회를 출범시켰다.

순천향 산학협력단의 벤처랜드

4월에 순천향대학교병원 개원 30주년 기념행사가 열렸다. 5월 12일 순천향대학교병원은 개원 30주년을 맞아 '통증없는 병원'을 새로운 비전으로 정하고 심포지엄을 개최하여, 입원환자 통증 관리 모델 개발을 비롯해 각 과에서 발생할 수 있는 통증과 관련한 연구결과를 발표했다. 5월 25일에 순천향대학교병원 장례식장이 개장되었다(연건평 758평, 지하 1층, 지상 5층).

6월에 순천향대학교는 교육인적자원부 지원 2004년도 노인교육 프로그램(노인교육과정) 사업에 선정되었고, 미국 텍사스 A&M 대학교와 교류협약을 체결했다. 또한 교육인적자원부 지원 2004년도 지방대학혁신역량강화사업(NURI)에 4개 사업단이 선정되었다. 9월에는 과학기술부 지원 지역 R&D 클러스터 구축사업에 선정되었다.

10월 5일 순천향대학교의 새로운 UI가 선포되었다. '학생가치창출'이라는 미래 비전에 부합하는 젊고 미래지향적인 이미지를 강조한 UI는 순천향대학교 영문 이니셜인 SCH에 Smart, Create, Harmonious라는 의미를 담았고, 연두색은 학생의 꿈과 가치를 실천하는 젊은 대학, 청록색은 진리를 탐구하는 미래지향적 대학, 하늘색은 인간사랑을 바탕으로 봉사하는 대학의 교육이념을 상징하고 있다. 11월에 순천향병원 줄기세포치료센터가 개소했다.

2005

3월, 순천향대학교 제5대 총장으로 서교일 박사가 유임되었다.

순천향대학교병원은 3월에 보건복지부에 유전자연구기관 및 유전자검사기관으로 신고하고 6월에 배아연구기관으로 등록했다. 6월에 순천향대학교가 2005교육인적자원혁신박람회 대학교육혁신관 우수 전시관으로 선정되었다. 7월에는 2006년도 지역혁신센터(RIC)사업에 선정되었다. 12월에는 대학의 UI와 통일한 순천향대학교병원의 새 HI를 선포했다.

12월 20일, 서교일 총장이 캄보디아로부터 국가재건훈장 금장을 수여받았다. 2002년부터 순천향 부천병원을 주축으로 캄보디아 의료봉사를 꾸준히 실시해온 '한캄봉사회'는 그간 1만여 명의 현지인을 치료했고, 캄보디아 의사연수생을 순천향병원 의료연수 프로그램에 합류시켜 의료교육을 해왔으며 앰뷸런스 3대까지 캄보디아에 기증하고, 한국심장재단과 공동으로 심장병 환자를 국내로 입국시켜 수술하는 등 헌신적으로 봉사활동을 해왔다. 캄보디아 정부에서도 그러한 봉사에 감사를 표한 것이다.

2006

2월에 순천향대학교는 노동부 지원 2006년도 대학 취업지원기능 확충사업에 선정되었다. 또한 한국대학교육협의회의 2주기 대학종합평가에서 학부 3개 영역, 대학원 3개 영역 최우수 평점을 받아 종합 우수대학, 우수 대학원으로 선정되었다. 국어국문학전공과 체육학부(체육과

토익 집중수업을 받고 있는 아너스 장학생들(왼쪽)과 글로벌 빌리지의 유학생들

학, 사회체육)는 2005년도 학문분야평가에서 우수 분야에 선정되었다.

2006년 1학기부터 엘리트 장학지원 프로그램인 아너스(Honors) 프로그램이 실시되었다. 아너스는 신입생 때부터 원하는 진로를 선택하여 심도 있게 공부할 수 있도록 대학 측이 생활비, 장학금, 기숙사 등의 교육 환경을 전폭적으로 지원하는 맞춤형 취업교육 프로그램이다.

순천향대학교병원에서는 5월에 응급의학과를 신설하고 소아알레르기호흡기센터를 개소했다. 6월에는 모자보건사업 모범기관으로 복지부장관 표창을 받았고, 9월에는 수면의학센터를 개설했다.

9월 25일 국제기숙사 글로벌 빌리지가 개관했다. 총 6개 동, 229세대, 1067명을 수용할 수 있는 글로벌 빌리지는 잉글리시 빌리지와 차이니스 빌리지로 구성되어 영어권 국가와 중국 출신 유학생 및 교환학생이 재학생들과 함께 생활하고 있다.

2007

3월에 충청남도교육청 지정 '순천향대학교인문영재교육원' 인가를 받았다. 8월에는 유비쿼터스헬스케어연구센터 시스템 구축 사업이 정보통신부 지원 복지정보통신 인프라 구축 시범사업에 선정되었다. 9월에는 평생교육원이 학점은행제 운영기관으로 선정되었고 9월 28일 공자아카데미가 개원했다. 공자아카데미란 중국 정부가 세계 각국

공자아카데미

의 국민에게 중국의 언어와 문화에 대한 이해를 증진시키고, 중국어 학습자에게 편리하고 우수한 학습 콘텐츠를 체계적으로 제공하기 위해 운영하고 있는 공익 교육기관이다. 순천향대학교에는 중국 톈진외국어대학교와의 파트너십에 의해 세계에서 163번째 공자아카데미가 세워졌다.

2008

3월에 순천향대학교가 아산시 인성학습원 수탁사업자에 선정되었다. 4월에 순천향대학교병원 소화기병센터가 국제내시경교육센터 인증을 받았다. 6월에는 순천향대학교와 금천구가 대학종합병원 설립 협약을 체결했다.

8월에 순천향대학교는 교육과학기술부 '대학입학사정관제 지원사업'에 선정되었고, 교육과학기술부 '교육역량 강화사업' 지원 대학에도 선정되었다. 9월에는 교육과학기술부에 의해 '평생학습 중심대학 육성사업' 지원 대학에 선정되었고, 공공부문 인재개발 우수기관 인증(Best-HRD)까지 받았다. 또한 매년 중앙일보에서 실시하는 대학종합평가에서 종합순위 24위, 교육여건 및 재정 분야 전국 10위에 랭크되는 기염을 토했다. 이는 순천향대학교가 건학30주년을 앞두고 설정한 SCH 3030(건학30주년에 대학순위 30위권 이내 진입)이라는 목표를

Best-HRD 수상식

완벽하게 달성한 쾌거이기도 하다.

12월에 순천향대학교병원은 5대 고위험수술(대장암, 간암, 위암, 고관절부분 치환술, 경피적관상동맥 중재시술) 잘하는 병원에 선정되어 병원의 역량을 인정받았다. 또한 병원은 보건복지가족부 종합전문요양기관평가에서 전 항목 100점 만점을 취득하기도 했다.

12월 22일, 의료법인 동은의료재단 및 순천향대학교 천안병원 · 구미병원이 학교법인 동은학원(순천향대학교)으로 기증되었다.

2009

2월에 《이미지로 보는 순천향대학교 30년사》가 발간되어 순천향대학교의 30년 역사를 한눈에 볼 수 있도록 정리되었다 3월에 서교일 총장이 학교법인 동은학원 제4대 이사장으로 취임하고 순천향대학교 제6대 총장에는 손풍삼 박사가 취임했다.

4월에 순천향대학교는 교육과학기술부에 의해 '2009년 평생학습 중심대학 육성사업' 지원 대학으로 선정되었고, 이어 교육과학기술부 '2009년 대학 교육역량 강화사업'에 2년 연속으로 선정되었다. 6월에는 교육과학기술부에 의해 광역경제권 선도산업 인재양성사업의 의약바이오 분야 지원 대학에 선정되어 의약바이오에 특화된 순천향의 역량을 인정받았다. 9월에는 순천향의학연구동이 개소했고(46실 64명), 12월에는 교육과학기술부가 주최한 제6회 전국평생학습대상에서 우수상을 수상했다. 또한 순천향 공자아카데미가 세계공자아카데미총회에서 2년 연속으로 '선진공자아카데미상'을 수상했다.

2010

1월 30일, 대학과 전국 4개 부속병원 주요 보직자들이 '2010년 대학 및 부속병원 한마음 대회'를 개최하고 대학과 병원의 상호교류를 통해 소속감과 연대감을 고취했다. 3월에는 교육과학부의 '대학 교육역량 강화사업' 지원 대학으로 3년 연속 선정되어 교육역량과 경쟁력을 객관적으로 검증받았다. 지난해 광역경제권 선도산업 인재양성사업 지원 대학에 선정된 것을 계기로 설립된 SCH의약바이오인재양성센터가 3월 23일 개소식을 갖고 본격적인 활동에 들어갔다. 5월에는 교육과학기술부가 주최하고 평생교육진흥원이 주관하는 '2010년도 대학 평생교육 활성화 지원사업' 지원 대학으로 선정되었다. 이 또한 2008년, 2009년에 이어 3년 연속 선정된 것이다.

부록 2 순천향대학교의 구성

인문과학대학

인문학은 모든 전공의 기본 학문이다. 인문적 지식과 판단력을 결여한 오피니언 리더를 상상하기는 어렵다. 한 사회가 구성원들 사이의 소통에 큰 어려움을 겪고 있다면 인문교육의 실상을 돌아볼 필요가 있다. 인문과학대학에서는 격변하는 미래사회에 무엇보다도 필요한 창의력을 배양하는 데 역점을 두어 학생들을 교육하고 있다.

국제어문학부 국어국문학전공, 영어영문학전공, 중어중문학전공, 국제문화전공
유아교육과 | 특수교육과 | 청소년교육 · 상담학과
공연영상미디어학부 연극무용전공, 영화애니메이션전공, 미디어콘텐츠전공

사회과학대학

세계화, 정보화 사회에서는 지역사회와 국가, 그리고 인류의 지속적 발전에 기여할 수 있는 실천적 지성인으로서의 사회과학도를 필요로

인문사회관

한다. 사회과학대학은 사회에서 일어나고 있는 제반 현상을 경영, 경제, 법학 등의 관점에서 통찰하고 종합적으로 이해할 수 있는 능력과 자질을 배양할 수 있는 교육과정을 실시하고 있다.

경영학과 | 국제통상학과 | 관광경영학과 | 금융경영학과 | 법학과 | 행정학과 | 경찰행정학과 신문방송학과 | 사회복지학과

자연과학대학

자연과학은 현대과학의 기반이 되는 기초과학을 토대로 자연과 인간, 과학에 관한 모든 현상의 원리를 탐구하는 학문이다. 기초과학이 바탕이 되어야 생활의 과학화가 이루어지고 첨단 기술 사회도 도래할 수 있다. 자연과학대학은 순수과학과 응용과학을 균형 있게 교육함으

로써 자연과학에 대한 창의적인 탐구 자세를 배양하고 있다.

수학과 | 전자물리학과 | 화학과 | 식품영양학과 | 환경보건학과
생명과학과 | 생명공학과 | 해양생명공학과
체육학부 스포츠과학전공 | 사회체육학전공 | 스포츠의학전공

공과대학

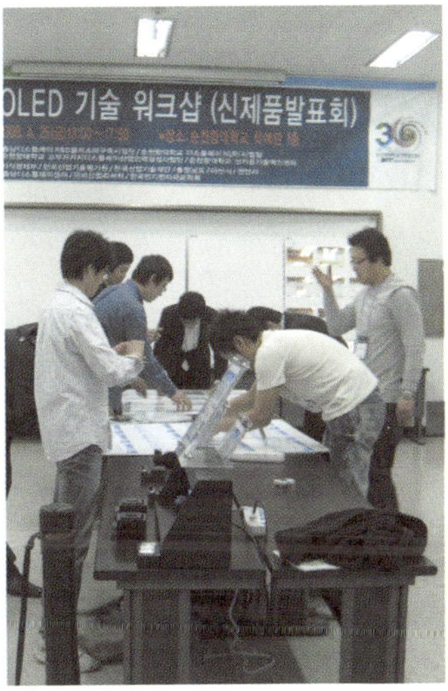

21세기를 지배하는 것은 기술이다. 공과대학은 인간이 사회를 구성하고 발전시키는 과정에서 직면하는 갖가지 기술적 문제들을 해결하는 데 밑거름이 되는 첨단 기술 인력을 양성하고 있다. 활발한 산학협동 활동도 벌이고 있다. 2004년부터 교육부 지방대학 혁신역량강화사업(NURI사업)에 선정되어 디스플레이신소재공학과와 기계공학과에서는 '디스플레이중견전문인력양성사업단', 나노화학공학과에서는 '충남자동차 · 부품산업인력양성사업단'을 운영하고 있다.

컴퓨터학부 컴퓨터소프트웨어전공, 컴퓨터공학전공
정보통신공학과 | 전기전자공학과 | 전기통신공학과 | 전자정보공학과 | 나노화학공학과
에너지환경공학과 | 디스플레이신소재공학과 | 기계공학과 | 건축학과 | 정보보호학과

의료과학대학

21세기 산업의 주류는 바이오테크놀로지와 정보기술 기반의 의료산업이 될 것으로 예측된다. 미래 의료산업 분야의 요구를 적극적으로 수용할 수 있는 훌륭한 기반을 가지고 있는 순천향대학교에서 중점적으로 육성하고 있는 의료과학대학에서는 의료시장에서 전문성과 특수성을 발휘할 수 있는 인재 양성에 심혈을 기울이고 있다. 미래 보건복지 사회에 양질의 의료서비스를 제공할 전문 의료인과 다양한 의료과학 분야의 핵심인력을 배출하고자 한다. 의료산업에도 브랜드와 문화가 필요하다. 병원은 단순히 질병을 다루는 기관이 아니라 의료, 보건, 복지 관련의 다양한 산업과 유기적인 관계를 맺으며 변화해가야 한다.

의예과 | 보건행정경영학과 | 의료생명공학과 | 의료IT공학과 | 임상병리학과 | 작업치료학과

의과대학

의학은 인간의 생명을 직접 다룸으로써 인류의 복지 향상에 기여하

는 학문이다. 따라서 의학 교육에서는 질병에 대한 이해와 치료기술의 습득을 넘어 참된 인술을 갖추도록 하는 것이 무엇보다 중요하다. 의과대학은 첨단 의료지식뿐 아니라 환자의 고통에 공감하는 인술의 정신을 내면화하여 마음이 따뜻하고 사려 깊은 의료인을 양성하기 위해 최선을 다하고 있다.

의학과 | 간호학과

일반대학원

1983년에 설립된 대학원은 길지 않은 역사에도 불구하고 각 전공 분야에서 놀라운 성장과 발전을 거듭해왔다. 역량 있는 고급 인재 양성을 통해 고도의 학문 연구와 지역사회 발전에 이바지해온 충청권 굴지의 대학원으로서 그 위상을 높여가고 있다. 앞으로도 심오한 학술이론과 새로운 응용방법 연구에 더욱 매진하여 지식정보화 사회를 선도할 수 있는 유능한 전문 지식인을 사회에 배출해나갈 것이다.

• 석사 학위 과정(5계열, 33학과)

인문사회계열	교육과학과 | 국제통상학과 | 영어영문학과 | 관광경영학과 사회복지학과 | 경제금융보험학과 | 법학과 | 행정학과 | 경찰행정학과
이학계열	수학과 | 물리학과 | 화학과 | 생물학과 | 식품영양학과 환경보건학과 | 유전공학과 | 해양생명공학과 | 식물자원학과
공학계열	컴퓨터학과 | 전기통신시스템공학과 | 전자공학과 | 정보통신공학과 전기 · 로봇공학과 | 정보보호학과 | 화학공학 · 환경공학과 신소재공학과 | 기계공학과 | 건축학과
예체능계열	체육학과 | 연극영화학과 | 무용학과
의학계열	의학과 | 간호학과

• 학과간 협동 과정 석사 학위 과정(3계열, 4학과)

인문사회계열	공연영상미디어학과

이학계열	의생명과학과(의학과+생명과학부) | 의과학과
공학계열	의료과학과(의공의료정보학과+의료생명공학과 +보건행정경영학과+임상병리학과)

• 학연산 협동 과정 석사 학위 과정(4연구소)

한국정보보호센터 | 국립환경과학원 | 한국청소년정책연구원 | 한국생명공학연구원

• 박사 학위 과정(5계열, 24학과)

인문사회계열	교육과학과 | 영어영문학과 | 경영학과 | 국제통상학과 | 관광경영학과 경제금융보험학과
이학계열	수학과 | 물리학과 | 화학과 | 생물학과 | 식품영양학과 환경보건학과 | 유전공학과
공학계열	컴퓨터학과 | 전기통신시스템공학과 | 전자공학과 | 정보통신공학과 전기 · 로봇공학과 | 정보보호학과 | 화학공학 · 환경공학과 신소재공학과
예체능계열	체육학과
의학계열	의학과 | 간호학과

• 학과간 협동 과정 박사 학위 과정(3계열, 5학과)

인문사회계열	공연영상미디어학과 | 경찰학과(경찰행정학과+의학과)
이학계열	의생명과학과(의학과+생명과학부) | 의과학과
공학계열	의료과학과(의공의료정보학과+의료생명공학과 +보건행정경영학과+임상병리학과)

• 학연산 협동 과정 박사 학위 과정(3연구소)

한국정보보호센터 | 한국청소년정책연구원 | 한국생명공학연구원

산업정보대학원

21세기 사회는 지식과 창의력이 가치 창출의 원천이 되고 정보통신 산업의 혁신과 더불어 정보 공유가 중심요소로 떠오르는 시대가 될 것이다. 이러한 시대의 흐름에 발맞추어 산업지도자 육성이라는 목표하에 산업정보대학원이 설립되었다. 1988년에 2개 학과(수산자원개발학

과, 산업환경보건학과)에 정원 60명의 지역사회개발대학원으로 출발, 현재 입학정원 15명의 12개 학과로 성장했다. 산업 이론과 기술을 종합적이고 과학적인 방법으로 교육하여 기술자 또는 기업경영자로서 종사하고 있는 지역 산업인에게 면학의 기회를 주며, 경쟁과 협조를 통한 전문 지식인을 양성, 배출하는 것이 산업정보대학원의 비전이다.

- **석사 학위 과정(1계열, 12학과, 13전공)**

  수산자원개발학과 : 수산학전공
  산업환경보건학과 : 산업보건학전공
  전기 · 전자공학과 : 전자공학전공, 전기통신시스템공학전공
  정보통신공학과 : 정보통신공학전공
  애니메이션학과 : 애니메이션기획연출전공
  전자상거래학과 : 전자상거래전공
  정보보호학과 : 정보보호학전공
  연극영화학과 : 연극학전공, 영화학전공
  의료공학과 : 의료정보전공, 의공학전공
  국제학과 : 아시아학전공
  철강학과
  자동차학과

교육대학원

학문과 과학기술이 날로 발전하고 교육 · 사회환경이 급변하넌서 교직의 전문성을 높여야 할 필요성이 제기되고 있다. 대학시절 받은 교육만으로는 창의적인 교육 전문가로서의 역할을 수행하기에는 부족하다는 것이다. 이에 따라 교육자는 끊임없는 연구활동과 전문과정 이수를 통해 전문성을 신장해야만 한다. 이러한 필요성에 따라 1995년 개원한 교육대학원은 교육에 대한 최신 이론과 연구, 교수를 통해 교육 전문가를 양성하고 교사들의 재교육을 통해 교육의 전문화, 과학화 및 국제화

를 선도하여 교육 및 사회 발전에 이바지하고 있다.

• **석사 학위 과정(1계열, 12학과, 20전공)**

교육학과 : 유아교육전공, 영재교육전공, 교육행정전공, 특수교육전공, 상담교육전공, 평생교육전공, 교육과정평가전공

교과교육학과 : 국어교육전공, 영어교육전공, 수학교육전공, 체육교육전공, 컴퓨터교육전공, 물리교육전공, 화학교육전공, 생물교육전공, 독어교육전공, 중어교육전공, 사회과교육전공, 상업교육전공, 영양교육전공

건강과학대학원

오늘날은 숨 돌릴 틈 없는 변화와 혁명의 시대이면서 한편으로는 어느 때보다 풍요롭고 여유 있는 시대이기도 하다. 이에 따라 현대인들이 가장 큰 관심을 보이는 것이 바로 건강이다. 삶이 풍요롭고 삶의 질이 향상될수록 건강의 중요성은 날로 증대되고 있으며, 건강이 행복한 삶의 최대 전제조건이 된 것이다. 따라서 건강을 증진시키고 질 높은 삶을 살기 위한 건강과 관련된 다양한 학문의 필요성이 대두되었다. 건강에 대한 체계적인 연구와 교육을 통하여 국민건강 증진을 선도할 수 있는 유능한 인재를 양성하고자 한다.

• **석사 학위 과정(1계열, 4학과, 8전공)**

병원서비스경영학과 : 병원서비스경영전공

심리치료학과 : 놀이치료학전공, 미술치료학전공, 원예치료전공, 음악치료전공, 무용치료전공

임상간호학과 : 노인전문간호전공

건강미용학과 : 향장학전공

행정대학원

우리나라 사회 발전에 이바지할 각 행정 분야의 전문가를 양성하기 위하여 행정대학원이 2007년부터 산업정보대학원에서 독립했다. 행정대학원은 21세기 급변하는 사회환경 변화에 적극적으로 대처하면서 미래를 주도할 인재를 양성하기 위해 현실에 부합하는 교육과정을 운영하며 효율적인 행정서비스를 제공하고 있다.

- **석사 학위 과정(1계열, 5학과, 6전공)**

  행정학과 : 지방행정전공

  경찰행정학과 : 경찰행정학전공, 과학수사전공

  사회복지학과 : 사회복지학전공

  위기관리학과 : 위기관리학전공

  도시및지역개발학과 : 도시및지역개발전공

글로벌 경영대학원

글로벌 경영대학원은 세계화된 대외환경에서 필요로 하는 사회적 · 지역적 인력을 공급하기 위해 글로벌 스탠더드를 갖춘 경영 관련 선문 인력을 양성하고자 개설한 석사과정이다. 글로벌 경영대학원에서는 이론과 실제를 연계하고, 종합적 문제 해결 능력을 배양하기 위해 Case Study, 발표와 토론, 기업 방문 학습, 해외 현지교육 등 현장 중심의 교육방식을 채택하여 최고의 강의와 콘텐츠를 제공하고 있다.

- **석사 학위 과정(1계열, 1학과, 6전공)**

  글로벌경영학과 : 경영학전공, 국제통상학전공, 금융경영학전공, 관광경영학전공, 헬스케어비즈니스학전공, 호텔외식경영전공

부록 3 순천향대학교 부속병원

순천향대학교 중앙의료원

순천향대학교 부속병원 네트워크는 건학의 모체가 된 한남동 소재의 순천향 서울병원을 비롯하여 공단 지역에 입지한 구미병원, 농촌 지역에 자리 잡은 천안병원, 신도시 주거지역에 자리 잡은 부천병원으로 조직되어 각각의 지역적 특색에 맞게 발전하며 서로의 인력과 정보 및 의학 기술을 교류하고 있다. 병원 네트워크의 구심점인 중앙의료원은 1978년 2월 1일 활동을 시작했으며 초대 의료원장은 설립자인 향설 서석조 박사이다. 250병상으로 시작한 순천향 의료원은 현재 서울병원 750병상, 부천병원 1000병상, 천안병원 734병상, 구미병원 400병상으로 총 2,884병상을 운영하고 있는 매머드급 의료기관으로 성장 발전했다. 순천향 의료원은 각 병원들 간의 교류 협력을 긴밀히 조직하여 결집력을 높이고, 대학과의 연계를 위한 중개 역할을 담당하면서, 병원으로 시작하여 첨단의학, 보건산업, 교육으로 확장되어가는 순천향 네트워크를 유기적으로 운영하기 위해 노력하고 있다.

순천향대학교 서울병원

서울병원은 병원 중 맏형이자 순천향대학교의 산실로서 그 역할을 충실히 수행해왔다. 현재 130여 명의 전문 교수진을 포함한 1,200여 명의 교직원들이 의학 연구와 교육, 그리고 환자 진료에 매진하고 있다. 소화기병센터를 비롯, 심장센터, 척추센터 및 관절경센터, 신경통증센터, 무수혈센터, 모자보건센터 등 특성화된 진료시설이 갖추어져 있으며, 또한 주변에 외국 공관들이 다수 위치하고 있다는 지역적 특성을 살려 1999년부터는 전담 진료진을 배치한 외국인진료소를 운영하며 연인원 5천여 명에 달하는 환자를 진료하고 있다. 2003년부터는 CEO를 위한 체계적인 건강관리 프로그램인 건강과학CEO과정을 개설하여 병원의 인지도를 높이고 있다.

순천향대학교 구미병원

구미병원은 1979년 9월, 250병상의 규모로 개원한 후 지속적인 확장을 거듭하여 24개 진료과, 400병상을 갖춘 경북 서북부 지역의 대표적 종합병원으로 성장했다. 구미수출산업 공단 중심부에 위치하고 있으므로 의학 연구, 일반인 진료뿐만 아니라 공단 근로자 건강관리에 집중적으로 역량을 발휘하고 있다는 것이 특징이며, 그로 인해 공단 사업체의 생산성 향상에도 크게 이바지하고 있다. 지역주민과의 고통 분담 차원에서 실시하는 실직자 진료혜택제를 시행, 저소득층 백내장 환자 무료 개안술 등을 실시하는 등 각종 후원사업에도 앞장서고 있으며, 또한 순천향 구미한의원까지 개원하여 양한방 원스톱 진료가 가능해졌다.

순천향대학교 천안병원

천안병원은 1982년, 의료 불모지나 다름없던 충남지역의 유일한 종합병원(14개 진료과, 150병상)으로 개원한 이래 양적, 질적으로 빠른 성장을 이룩하여 현재 24개 진료과에 병상 734여 개, 최첨단 의료장비를 갖추고 중부권 지역주민의 건강과 생명 지킴이로서 그 역할에 최선을 다하고 있다. 또한 대규모 의료봉사단을 결성하여 지역 내 무의촌 구석구석까지 세심한 진료의 손길을 뻗치며 지역 의료의 중추 역할을 다하고 있다.

순천향대학교 부천병원

부천병원은 2001년에 부천지역 유일의 대학병원으로 개원했다. 부천은 서해안 시대의 개막과 함께 인구가 급증하면서 빠르게 도시화의 물결을 타고 있어 어느 지역보다 품질 높은 의료서비스에 대한 수요가 높은 곳이었고, 이에 따라 부천병원은 개원 2년 만에 72개소의 협력병원과 연계하는 지역사회의 중심 의료기관으로 자리 잡았다. 부천병원은 지역민을 위한 병원으로서의 역할을 다하기 위해 당뇨병교실, 출산준비교실, 관절교실 등 알찬 내용의 건강과정을 열고 있으며, 의료봉사단을 발족하여 지역주민들을 상대로 '찾아가는 진료'로 봉사활동을 하고 있다. 2002년부터 시작한 캄보디아 의료봉사는 현재까지 꾸준히 계속되고 있다. 부천병원은 2011년 완공 예정으로 병동 증축 공사를 시작, 순천향의료원 산하 병원 중 최초로 1000병상 시대를 열었다.